おめでとうございます！
この本を手に取ったあなたは、
ダイエットに
**成功したも同然。**
今日でダイエット難民から
**卒業**です。

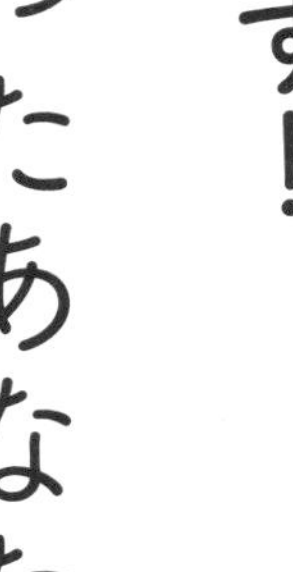

そんなバカな……と思った
あなたは次のページへ。

減量効果は2倍！

超簡単

なのに、

ウソみたいに

やせる

まずは、だまされたと思って読み進めてください。読み終えた後は、
「このやり方なら私でもやせられる！」という確信に満ちているはずです。

そもそも、巷《ちまた》にあふれる大量のダイエット情報の中から、
この本を手に取った時点で、あなたには「やせる素質」があります。

このダイエット法は医学的にも効果が裏づけられた方法の応用で、
ほかのダイエット法よりも2倍も多く体重が減ります（18ジペー参照）。
やり方はとてもシンプル。あなたが「今日やりたい！」
と思えるヤセ行動を決めて実践するだけ！

「簡単なのに、よくやせる」という理想のダイエット法を、
ここで手にしたあなたが、ダイエットに成功しないわけがありません。

テレビや雑誌で話題のダイエット法に挑戦した結果、
途中で挫折《ざせつ》してしまった経験はありませんか？

成し遂げられなかった自分に
「私はなんて意志の弱いダメ人間なんだ！」と
落ち込んだ人も多いはずです。

でも、あなたが悪いわけではありません。

だってあなたは、ただ純粋にやせたかっただけで、
そのダイエット法がやりたかったわけではないはず。

挫折して当然です。

# 食事制限は不要。今すぐSTOP！

やりたくもない行動を
無理やり押しつけられるダイエット法を
本書では「強制ダイエット」と呼んでいますが、
この世の中には、強制ダイエットがあふれています。

そもそも、お菓子が大好きなのに、それを一切食べない
苦しいダイエット法が成功すると思いますか？

運動習慣のない人が、いきなりハードな動きを強いられる
きついダイエット運動法で、やせられると思いますか？

一時的にはやせたとしても、その後必ずリバウンドします。
逆効果なので、今すぐ中止しましょう。

## きつい運動や
## 逆効果なので

強制ダイエットで
失敗する人が多いのは、
大半のやり方が
「人の心」を無視しているから。

やりたくもないことを
毎日がんばって
続けられる人は、
本当にごくわずかです。

ですから、安心してください。
できない自分を責める必要は
全くありません！

やりたいことしか
やらない。
何をやるかは
その日の
あなたの
気分しだい

大切なのは、
あなたの「心の声」に耳を傾け
ダイエットを楽しみ、
「できた！」という小さな成功を感じることです。

それには、

「やりたくない、やる気が起きない」

「今の自分のライフスタイルでは実行できない」

そんなダイエット法はやらないでください。

あなたがやるべきダイエット法は、「楽しそうだ！」「やってみたい！」など、
想像するとワクワクするものだけ。
あなたがハッピーになれる方法を実行していきましょう。

まずは「今日1日だけ」チャレンジ。

1日なので必ずできる

1日だけダイエットは、「今日やりたい！」と
思えるヤセ行動を、その日の朝に決めて、
1日だけ実行するのがルール。

その日の気分や体調、予定に合わせて決められるし、
今日1日だから、必ずできるはず。

でも、実践する中で「やっぱりこのヤセ行動は、私には無理！」
となったら、途中でやめてOK。

1日だけダイエットでは、「やめることは悪ではなく、とても素敵なこと」と考えます。
だってあなた自身が、自分の苦手な行動に気づけたのですから。
まずは自分自身を知ること、現状を知ることが未来を作る出発点です。

# 実は大学教授の私も実践！8カ月で17キロもやせました。

〈 After 〉

63キロ

〈 Before 〉

80キロ

はじめまして
木村穣です

自己紹介が遅れました。私は、関西医科大学附属病院で肥満外来を担当している、木《き》村《むら》穣《ゆたか》です。本書で紹介する「1日だけダイエット」※は、この肥満外来を受診された約1800人の患者さんに、すでに実践していただき、高い効果を得ている「認知行動療法」にもとづいたダイエット法を、よりわかりやすく実践できるようにしたものです。

実は私自身も、20年前に1日だけダイエットを実践し、17キロの減量に成功しました。私のヤセ行動は主に、「エレベーターを使わず階段を使う」「昼食をこれまでより150キロカロリーほど減らす」という二つでした。

なぜこの行動を選んだかというと、私の場合は日中が忙しく、ランチの

※関西医科大学の肥満外来ではこの名称は使っていませんが、指導しているダイエット法の基本的な内容は同じです。

時間を十分に取りにくいため、お昼を軽食ですませても物足りなさを感じる暇がありません。おにぎりなど腹持ちがいいものを少し食べれば、夜まで体力も持ちます。反対に、夜はゆっくりと夕食を楽しみたいので、ダイエット前とほぼ変わらない内容の食事を続けました。また、運動もジョギングなどの習慣を続ける自信はありませんでしたが、病院の階段を上るだけなら手軽ですし、エネルギーも消費できるので私にぴったりでした。

後は毎日体重を測定し、変化を予測しながら、ときにヤセ行動を変えていっただけ。

「いつまでに何キロやせよう！」といった期限や減量目標は一切決めませんでしたが、体重はスルスル落ちて、80キロあった体重が8カ月後には63キロまで減りました。

あれから20年たった現在も、リバウンドはしていません。

この経験から私は、人間は自分自身で決めた行動でないと続かないし、ましてや理想の未来など手に入るわけがないと実感しました。このダイエット法は、本編でくわしく解説しますが、さまざまな病気の治療に使われる「認知行動療法」をもとに考えています。

結局のところ、まずは自分自身で現状を知って、自分に合ったやり方を決めて実行することが、唯一にして絶対のダイエット法だと考えているのです。

朝、「今日やりたい！」と思ったヤセ行動をやり遂げられたら、
自分を盛大にほめてあげましょう！

「私、すごい！」「よくやった！」「えらい、自分！」

どうですか？　不思議とやる気がわいてきて、

「明日はもっとがんばるぞ！」

って、前向きな気持ちになったはず。

こうなればダイエットは成功したも同然！

人は目標を達成できると、自己効力感が生まれます。
自己効力感とは、簡単にいえば「私は結果を出すために
ベストを尽くせる人間だ！」と思える感覚のこと。
「やればできる！」と自分を信じられれば、
何かを成し遂げることが楽しくなります。

## やる気も
## てくる

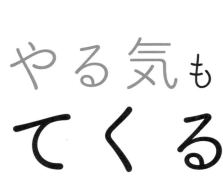

すると、
「今日は15分歩いたけど、明日は20分歩こうかな」
といったように自然と意欲が増して、
勝手に結果が出る生活になります。

「あれ、少しやせた？」
と家族や友人にいわれるようになり、
今までは全く入らなかった1サイズ小さな洋服が
きついながらも着られたりしたら、
自然と笑顔になりますよね。

少しでも「できた！」が増えれば、
ダイエットが楽しくなってくるのです。

# 今日のダイエット成功！「うれしい」からメラメラわい

ダイエットをしていると、
ささいな数字の変化に
一喜一憂してしまいがち。

でも、1日の中で
体重の変化があるのは
別にふつうのことです。

また、ダイエット中であっても
減っていた体重が
飲み会や外食で
一時的に戻ってしまうのも
よくあること。

# 体重は、数字を減らすことより予測できることが重要

体重計に乗って

「何がいけなかったのかしら……」などと落ち込む必要はありません。

体重計に乗るときに大切なことは、数値の予測です。

誤解を恐れずにいえば、数値を予測できるとダイエット効果は高まります。

予測することのねらいは、予測を的中させることではなく、

どんな生活を送ると、どのくらい体重が変化するのかが

わかるようになることです。

これは、あなた自身が今の自分を知ることにつながります。

予測できると自分の体をコントロールしやすくなって、

やせる効果が高まるわけです。

自分ができると思ったヤセ行動が、
実行できない日もあるでしょう。

もう一度いいますが、それはとっても素敵なこと。

そのヤセ行動が今のあなたには合っていなかっただけ。

それがわかったのですから。

実行できなかった日は、なぜ実行できなかったのか、
その言い訳を考えてみてください。

「仕事が忙しかったから朝のジョギングができなかった」

「ストレスでお菓子を我慢できなかった」

など、何かしらできなかった理由があるはずです。

例えば、朝のジョギングができないほど忙しい日は、

# 目標に変えるだけ。方法が見つかりさらに近づく

「通勤電車の中で〝ながら〟運動をする！」

といった行動目標ならどうでしょうか？

これなら、できそうだと思いませんか？

さらにやる気がメラメラわいてきませんか？

あなたに合う方法は必ず見つかります。
だってあなたは、この情報洪水の中で、確かな効果の
「1日だけダイエット」を見つけた鑑識眼の持ち主。
違う行動目標が見つかったら、後は実行するだけ。

さあ、今日は人生を変えるダイエットの記念すべき初日です。

あなたなら必ず成功できるはず。

今日1日だけ、やってみませんか？

# 失敗したら違う
# 自分に向いている
# 成功が

## リバウンドばかりの人生に別れを告げよう

# 1日だけダイエットはこんなにすごい！

「1日だけダイエット」が、どれだけ優れたダイエット法か、
今まで挑戦してきたダイエット法とどこがどう違うかを解説します。

ココがすごい

### 1 強制ダイエットの2倍の効果！

50人に協力してもらい、1日だけダイエットと強制ダイエットをそれぞれ25人ずつに試してもらいました。その結果、1日だけダイエットをした人たちは約2倍（半年で平均6キロ）も多くやせたのです。しかもその6カ月後まで効果が持続することも実証ずみ。

※1日だけダイエットの効果

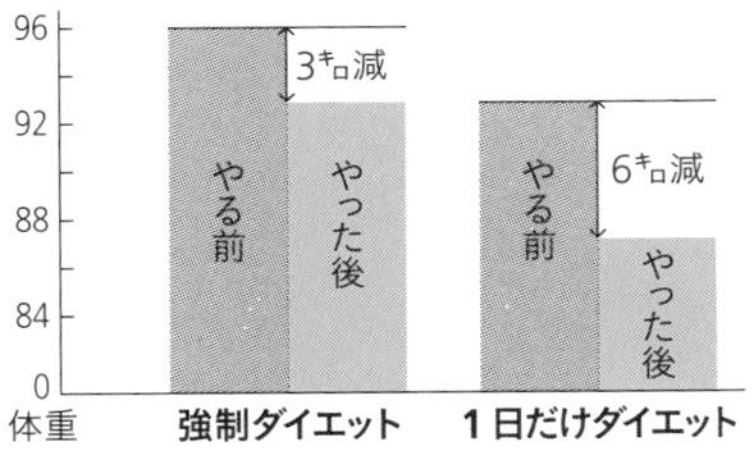


ココがすごい

### 2 リバウンドしにくい体が手に入る

苦しい食事制限やつらい運動で急激にやせると、リバウンド率が高まります。リバウンドするとやせにくい体質に。でも1日だけダイエットなら、無理なく体重を落とすのでリバウンドとはほぼ無縁です。

ココがすごい

### 3 食事も運動も我慢しなくてOK

1日だけダイエットで行うヤセ行動は、自分がやりたいと思えるものだけ。ストレスがたまらないので、ダイエットの反動で暴飲暴食をしてしまう心配もありません。

※関西医科大学の肥満外来で行ったデータをもとに作成しています。
ダイエット名称は異なりますが、ダイエット法の基本的な内容は同じです。

ココがすごい

## 5 自己効力感が高まりポジティブに！

実現不可能なダイエットに挑戦して挫《ざ》折《せつ》すると、やる気が失われます。でも１日だけダイエットなら、小さな成功体験を積み上げていくので成功率も高まり、モチベーションもアップ！

ココがすごい

## 4 飽きっぽい人や忙しい人にも最適！

１日だけダイエットは、その日の気分でダイエット法が選べるので、飽きっぽい人にも最適。さらに、「歯磨きしながらスクワット」など、ながらでできるヤセ行動も多数。忙しい人でも無理なく実行できます。

実際に肥満外来の患者さんの中には
１日だけダイエットを実践して
生活習慣病のリスクが減り
やせた人がたくさんいます！

くびれができた！

おなかが15センチもへこんだ……

33キロやせた！

# さあ、次はあなたの番です。

# もくじ

## column 1

## 第2章

## column2



## 第3章

## column3



## 第4章

# 第1章

# まずはチャレンジ！
# たった3ステップで
# 体が勝手にやせだします

# ひと目でわかる
# 1日だけダイエットのやり方

たった3ステップ！
まるで別人のようにやせる！

**ステップ1 選ぶ**

32ページからのヤセ行動①～③を参考にして、**今日1日のヤセ行動を一つ以上選ぶ**。選ぶ決め手は、自分が「やってみたいか」「実行できそうか」という点のみ。

**ステップ2 実行する**

**ヤセ行動が決まったら、後はそれを実行するだけ**。その日にやりたいことだけを選んでいるので、楽しい気持ちで無理なく実行できるはず。

**ステップ3 量る・振り返る**

**言い訳シート**（46～51ページ参照）を書いて1日だけダイエットは終了。体重はいつ量ってもOKだが、1日1回同じ時刻に量るのがベスト。

最初は1日一つのヤセ行動でOK。慣れてきたら、「日常動作」と「食事」を合わせて、二～三つ程度を選び、実行しましょう。

## 1日だけダイエット　やり方フローチャート

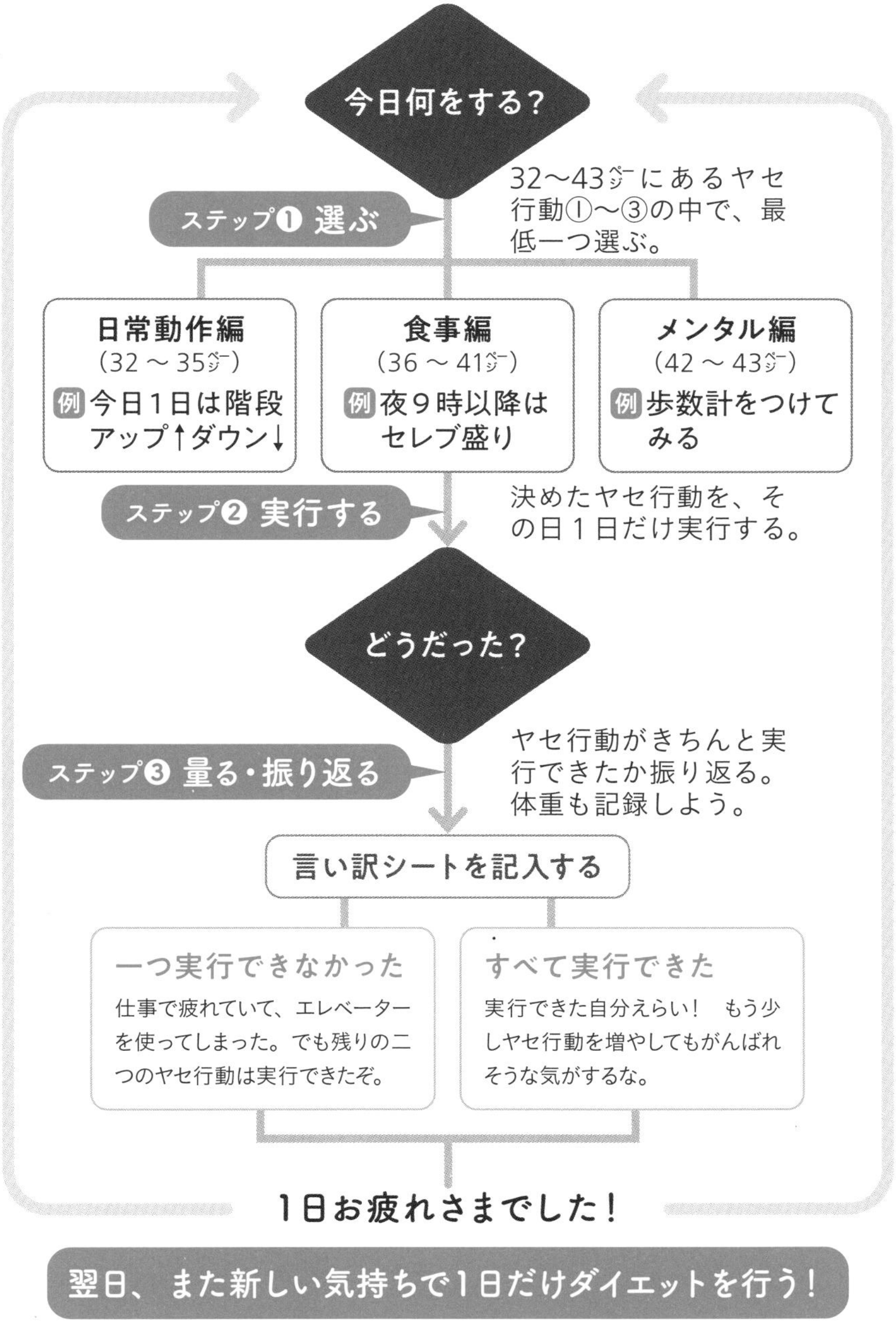
今日何をする？
ステップ❶ 選ぶ
32〜43ページにあるヤセ行動①〜③の中で、最低一つ選ぶ。
日常動作編
（32 〜 35ページ）
例 今日1日は階段アップ↑ダウン↓
食事編
（36 〜 41ページ）
例 夜９時以降はセレブ盛り
メンタル編
（42 〜 43ページ）
例 歩数計をつけてみる
ステップ❷ 実行する
決めたヤセ行動を、その日１日だけ実行する。
どうだった？
ステップ❸ 量る・振り返る
ヤセ行動がきちんと実行できたか振り返る。体重も記録しよう。
言い訳シートを記入する
一つ実行できなかった
仕事で疲れていて、エレベーターを使ってしまった。でも残りの二つのヤセ行動は実行できたぞ。
すべて実行できた
実行できた自分えらい！　もう少しヤセ行動を増やしてもがんばれそうな気がするな。
1日お疲れさまでした！
翌日、また新しい気持ちで1日だけダイエットを行う！

ステップ❶

選ぶ

# 今日1日だけ実行できる「ヤセ行動」を選ぼう

1日だけダイエットでは、どんなヤセ行動を選ぶかが、成功のカギを握っています。早くやせようとして、ハードなトレーニングや過度の食事制限を選ぶのは厳禁。無理をせず、がんばりすぎず、これならできる！　と確信が持てる行動を選ぶことが重要です。ぜひ、ご自身に当てはめて、読み進めてくださいね。

**選ぶ基準は二つです。一つは「やりたい」か「やりたくない」か。もう一つは「できそう」か「できなさそう」か。左㌻上の図を例に見ていきましょう。**

例えば、「仕事が忙しく、帰宅が夜遅くなることもしばしば。体を動かすことは好きだけれど運動習慣はなく、深夜の晩酌が日々の楽しみ」という生活を送っている人（仮に「フトメさん」という方にしましょう）がいたとしましょう。

## （例）フトメさんの「ヤセ行動」を選ぶ基準

| やりたくない | やりたい | |
|---|---|---|
| ●揚げ物の衣は取る | ●エレベーターではなく階段を使う | できそう ○ |
| ●夜9時以降は何も食べない<br>●ビールを飲むのをやめる | ●1日30分ジョギングをする | できなさそう × |

フトメさんの場合は、「夜9時以降何も食べない」「ビールを飲むのをやめる」というヤセ行動は、どう考えてもできそうにないことがわかります。

こうした行動を選ぶと、まず間違いなく挫折《ざせつ》してしまいます。

「1日30分ジョギングをする」というヤセ行動はやってみたいとは思っても、30分の時間を今日1日だけでも確保するのはできなさそう。

でも、フトメさんの場合、「揚げ物の衣を取る」というヤセ行動なら、すぐに実行できそうです。

ただし、フトメさんが本心では「揚げ物は衣がおいしいのに、それを取ってしまうなんて……」と感じていたとしたなら、それも続けることは難しいでしょう。

もちろんフトメさんは大人なので、やりたくないことでも無理をすればやれると思います。でも、ストレスがたまります。すると、フトメさんは必ず挫折をして、ダイエットに失敗する確率が高くなるのです。

こうしたヤセ行動を決めても実行できないのは、意志が弱いせいでも怠けているせいでもありません。単に目標の設定が間違っているだけです。

「やりたくて、できそうなもの」という点で考えたとき、フトメさんの場合は「エレベーターではなく階段を使う」といったヤセ行動がおすすめです。なぜなら、フトメさんは体を動かすことが好きなので、階段を使うことは苦にならないはずですし、普段の生活の中でも実行しやすいので、運動する時間が取れなくても無理なく続けられるからです。

いかがですか？　ヤセ行動の選び方、ご理解いただけたでしょうか。性格や環境、その日の体調や気分に合わせて「やりたい」「できそう」という二つの視点からヤセ行動を選んでください。くれぐれも「効果が大きそう」といった視点では選ばないように。なるべくハードルを下げ、70～80％の確率でできそうなヤセ行動を選ぶことが、成功の秘訣《ひけつ》です。

**ヤセ行動は、「日常動作」と「食事」の2軸で取り組むと、より早く確実にやせやすくなります。**もちろん、オリジナルのヤセ行動でもOKですが、ヤセ行動が思い浮かばないという人は、次㌻から「日常動作」と「食事」の行動例を紹介しています。そこから「やりたい」「できそう」なものを選んでみましょう。

1日だけダイエットでは、筋トレやジョギングなどのトレーニングを無理して行う必要はありません。前に述べたように「階段を使う」はもちろん、「歯磨きをしながらスクワット」「テレビを見ながらその場足踏み」など、努力不要で簡単に取り組めそうなことを実践してください。

さらに、「日常動作」と「食事」の2軸に、「メンタル編」（42㌻参照）でのヤセ行動も加えると、高いモチベーションが維持しやすくなり、成功確率が高まります。

もちろん、最初は1日一つからで大丈夫。取り組んでいるうちに、「もっとやりたい！」と自然に思えるようになったら、ヤセ行動を徐々に増やしていきましょう。

Dr.木村の
ダイエット格言！

「やりたくて、できそうなもの」を選び、実行する。「人生」も「ダイエット」も成功の秘訣は似ています。

ヤセ行動❶

## 日常動作編

# 今すぐできる！超効率的「ヤセ動作」おすすめ5

おすすめヤセ動作 ❶

### 今日1日は階段アップ↑ダウン↓

エレベーターやエスカレーターが大好きなあなた！　今日1日だけ、階段アップダウンしませんか？　平坦な道を歩くよりも消費カロリーが高く下半身の筋肉も効率よく鍛えられるのが、いいところ。1日だけ行うのに最もおすすめのヤセ動作です。

おすすめヤセ動作 ❷

### 1日1回はおめかし外出

毎日お化粧もせず、家に引きこもりがち……そんな人は、1日1回、外出をしましょう。家の近所を少し散歩するだけで消費カロリーはアップ。メイクをすると気持ちも引き締まり、少し遠くに行きたくなります。ダイエットをしようという意欲がメラメラわきます。

**おすすめヤセ動作 ❸**

## 1日1分スーパーマンのポーズ！

スーパーマンのように片手と片足を伸ばす「ダイアゴナル」と呼ばれる体幹トレーニングをご存じですか？　全身の筋肉を効率よく刺激できて、今注目のマイオカインと呼ばれるホルモンの分泌《ぶんぴつ》に役立ちます！（くわしくは第3章を参照）

**おすすめヤセ動作 ❹**

## スクワット歯磨き

ながらトレーニングをヤセ行動にする場合は、必ず行う日常動作とセットでやるのが成功の秘訣《ひけつ》。特に朝晩に必ず行う歯磨きは、ながらトレーニングに最適です。おすすめは、スクワットしながらの歯磨き。特に大きな「太ももの筋肉」を強化できるため、代謝アップに絶好！

**おすすめヤセ動作 ❺**

## 1日5分<br>血管ストレッチ

ストレッチも立派なヤセ行動です。筋肉をほぐすだけではなく、なんと血管まで柔らかくする働きもあるとわかってきました。血管が柔らかくなって血流がよくなると代謝アップに役立ち、脂肪がメラメラ燃えるかも（くわしくは第4章を参照）。

この五つのヤセ動作は、ダイエット効果も大きく、無理なく続けられるものばかり。ここにないものは、次㌻で探してください。

まだまだある！

ヤセ行動❶

# 日常動作編

前ジペーで紹介した超効率的ヤセ動作では、やりたいものがなかったあなた！1日だけダイエットは、「やりたい！」というあなたの心の叫びを最も大切にするので、以下の中でぜひ見つけてみてください。体を動かすことが好きか苦手かで、ヤセ行動をレベル別に紹介します。あなたにぴったりの行動はどれですか？

## レベル❶ 運動が苦手な人でも楽しめる！

- □コンビニなどへ買い物に行くときは、少し遠いお店に歩いて行く
- □読書やテレビを見るときは、イスに座って背すじを伸ばす
- □音楽を聴きながら一曲分即興で踊る
- □テレビを見ながらその場足踏みを3分行う
- □誰も見ていないところで、1分間エアドラムを全力で叩《たた》く（エアギターでもOK）
- □手をうねうね、腰をくねくね、フラダンス風の踊りを5分間続ける（座位でもOK）
- □腹式呼吸を1日15回ゆっくり行う（おなかをへこませながら息を吐き切るのがポイント）

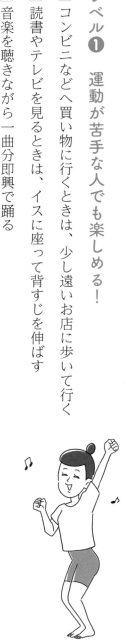

### レベル❷　体を動かすことが苦にならない人はこちらを……

- □車での移動を自転車に、自転車での移動を歩きに替える
- □歩数計をつけて、１日８０００歩を目標に歩く
- □電車通勤で、駅を一つ手前で降りて会社まで歩く
- □ダイエットのために、ちょっと重い荷物を持って歩く
- □縄跳びを１日１００回行う（その場跳び１００回でもＯＫ）
- □毎朝、ラジオ体操をする

### レベル❸　体を動かすことが好きな人におすすめ

- □電車やバスを目的地の２駅手前で降りて歩く
- □20分以上、ジョギングをする
- □お風呂上がりに腹筋運動を20回程度やってみる
- □お風呂上がりに腕立て伏せを20回程度やってみる
- □意を決してヨガやスポーツジムなどに通う！

レベルは上げても、上げなくても OK。楽しく続けられるものであれば、それがあなたに合ったレベルです。

ヤセ行動❷

# 食事編

## 今すぐできる！超効率的「ヤセ食べ動作」おすすめ5

### おすすめヤセ食べ動作 ❶
### 夜9時以降はセレブ盛り

夜遅い時間の食事はなるべく控えるべきですが、どうしても食べる場合は大皿の中央にちょこんと料理を盛りつける、高級フレンチの盛りつけを意識してください。フレンチを食べるセレブになったつもりで、優雅なディナーを少量楽しみましょう。

### おすすめヤセ食べ動作 ❷
### 間食や夜食は、1：1：100 の法則

間食が好きな人は、我慢するとストレスがたまるので、「少しならOK」と割り切って上手に食べましょう。1日1回100キロカロリー（1：1：100）が、ヤセ食べの法則。チョコレートなら4粒、カットされたショートケーキなら 1/3 ほどが目安です。

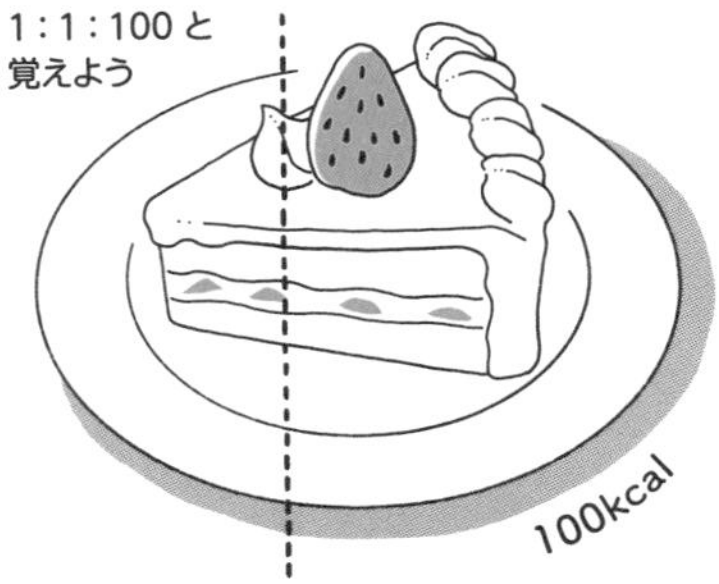

おすすめヤセ食べ動作 ③

## いただきものは“もらいものリレー”

会社で同僚からもらったおみやげのお菓子、どうしていますか？「せっかくもらったから」とその場で食べていませんか？　これが頻繁にあると、摂取カロリー過多になりがち。いただきものは気持ちだけ受け取り、家族や友人にそのままそっと手渡すと決めてしまいましょう。

おすすめヤセ食べ動作 ④

## CM断食で、おいしい誘惑をシャットアウト

テレビCMでおいしそうな食べ物を見ると、空腹でもないのに食べたい欲求がムクムクわいてきた経験、ありませんか？　そこで、食べ物のCMになったらチャンネルを替えるCM断食で、おいしそうな映像を見ないようにしましょう。

おすすめヤセ食べ動作 ⑤

## 固いものファーストで食べすぎ禁止

たくさんかむと満腹中枢が刺激され、食べすぎを予防できると聞いたことのある人は多いと思います。でも、そう簡単には実行できない！と思っている人は、その日の食事でいちばん固いものから順番に食べることを目標にしてください。すると自然とかむ回数が増え、食べすぎを予防できます。

ここにないものは、次㌻で探してください。

まだまだある！

## ヤセ行動②

# 食事編

1日3回の食事をどうするかは、ダイエットにおいてとても重要です。前㌻で紹介したヤセ食べ動作の中では「やりたい！」と思えなかったあなたのために、とっておきの超簡単ヤセ食べ動作を用意しました。

この中から一つか二つを、今日1日だけ試してみませんか？

### レベル❶ 食事や買い物の習慣を見直す

- [ ] 今日は食品の買い物に行かない
- [ ] お菓子売り場や試食コーナーの前を通らない
- [ ] 家族の食べ残しはすぐに片づけるか捨てる
- [ ] 周囲にダイエット中であると宣言し、食べすぎを指摘してもらう
- [ ] 食事中はテレビや雑誌を見ずに、味わって食べる
- [ ] まだ食べ足りないときは、とりあえず3分間だけ我慢してみる
- [ ] 食事は大皿盛りをやめて、一人前で盛りつける
- [ ] 「おなかが空いたから食べる」をやめて、朝・昼・晩、時間を決めて規則正しく食べる

- □ 果物やお菓子は、自分のいつもいる場所からいちばん遠くに置く
- □ 食事の時間が遅くなりそうなときは、おにぎりやクラッカーなどの軽食をとる

## レベル❷　食べ方を変える

- □ 食事は野菜や海藻から先に食べる
- □ 野菜の具だくさんみそ汁でおなかを満たす（おろしショウガを入れるとさらに◎）
- □ すぐに食べられる生野菜やゆで野菜を常備する
- □ マヨネーズを低カロリータイプに、ドレッシングをノンオイルタイプに替える
- □ だしをきかせて、塩分を控える
- □ フライや天ぷらは衣を取る
- □ ワンプレートや丼ものはやめる
- □ 白米を、大麦や玄米、雑穀米に替える
- □ ラーメンの汁は飲まない

## レベル❸ お菓子・果物・ドリンクの誘惑を断つ！

- □ 果物は1日1個（オレンジ1個大）にする
- □ お菓子の代わりにヨーグルトを食べる
- □ お菓子や果物は1日トータル100㌔㌍《キロカロリー》以下にする
- □ 夜中に空腹感を感じたら、牛乳を100㍉㍑《ミリリットル》だけ飲む
- □ 間食の量と回数を今の半分にする
- □ 日中、暇で何か食べてしまう場合は、飲食のできない図書館などに行く
- □ 清涼飲料水を自宅や職場の冷蔵庫に置かない
- □ 清涼飲料水をお茶かミネラルウォーターに替える
- □ アルコールをほぼ毎日飲んでいる人は、今日を休肝日にする
- □ ビールを飲むなら缶ビール1缶、日本酒なら0・5合以下と決める
- □ ビールはカロリーオフ、糖質ゼロの物だけを買う
- □ おつまみはあたりめ、チーズ、ナッツなど低糖質高たんぱくの物に限定する
- □ 甘い砂糖入りのコーヒーや紅茶を無糖の物に替える

## レベル❹　ストイックに食事を制限する

- □ ひと口20回ずつ、よくかんで食べる
- □ 食事は腹八分めでやめる
- □ 間食を一切やめる
- □ 1日5皿の野菜を食べる
- □ マヨネーズやドレッシングの使用量を、1食大さじ1杯までにする
- □ 揚げ物の回数を週2回までに減らす
- □ 外食を半分に減らす
- □ 夜9時以降は何も食べない
- □ 食べるご飯の量を3分の1杯分減らす
- □ いつもの食事よりも100〜200キロカロリー分減らす
- □ ファストフードを一切やめる
- □ 朝と夜は自炊する

食事だけでやせるよりも、「ヤセ動作」と組み合わせて行うほうが、ダイエット効果は高まります。

ヤセ行動③

メンタル編

# ①と②はマスト！「モチベーションアップ」5つの行動

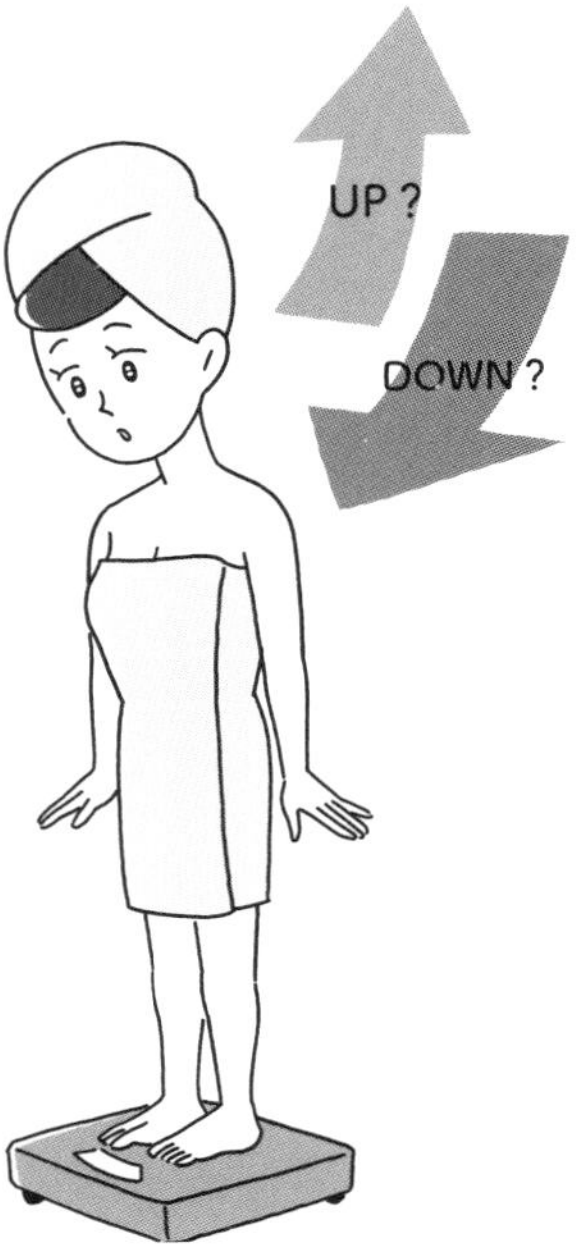
UP？
DOWN？

### モチベアップ①
## 1日1回、体重予測 マスト

「今日は焼き肉を食べたから0.5キロ増えているかも？」など、体重を予測してください。予測をすることで、「体重をコントロールしている感」が得られてモチベーションアップにつながります。コントロールできている実感が、自信になるのです。少々増えていても、「納得のいく増え方」なら問題ありません。

### モチベアップ②
## 言い訳シートを書く マスト

ヤセ行動を実行した後は言い訳シートを記入します（50ページを参照）。書くこと自体をヤセ行動に加えてもモチベーションはアップ。なぜなら、たとえ運動や食事のヤセ行動が達成できなくても、言い訳シートを書くことは達成できるからです。「ちゃんとできた！」という感覚を１日の最後に味わうことがとても重要です。

疲れすぎて
夜の筋トレが
できなかった…
ストレスが
たまりすぎて
お菓子の誘惑に
勝てなかった…

### モチベアップ ❸
## 歩数計を
## つけてみる

今日歩いた成果が可視化できる歩数計もおすすめ。ただつけるだけで、不思議と「歩いてみよう」となるのでとても効果的です。

### モチベアップ ❹
## その日のヤセ行動を
## 高らかに宣言!

今日１日だけやりたい！と思ったヤセ行動は、ぜひまわりの人に「今日はこんな行動をします！」と宣言しましょう。人にいうと気合が入って「私ならできる！」という思いが強くなります。

### モチベアップ ❺
## 寝る前に
## 今日の自分をほめる

万が一、ヤセ行動が達成できなくても落ち込む必要はナシ。一度も失敗しない人間なんて世の中にいません。そんなときは、なんでもいいので今日の自分をほめてみましょう。「人に優しくできた！」「髪型が上手にセットできた！」……これだけで自己効力感が高まり、気持ちがリセットできます。

ここにあげた五つのモチベーションアップ行動を、毎日できればベストですが、忙しいときでも❶と❷だけは必ず行ってください。

ステップ❷

実行する

# 今日1日だけ実行！たとえ失敗したって大丈夫！

さて、ステップ1でヤセ行動は選べましたか？　紹介したヤセ行動以外でも、

・今日1日はそば打ちしてカロリーを消費しよう！

・インターネット動画を見ながらダンスを踊る！

など、あなたオリジナルのヤセ行動でも大丈夫ですよ。

何度もいいますが、「やりたくて、できそうなもの」を設定することが大切です。「誰かにすすめられたから」「効果がありそうだから」といった理由で、イヤイヤ実行するものは選ばないでください。

**ヤセ行動が見つかったら、後はそれを実行するだけ（ステップ❷）。**ワクワクした気持ちのまま、ダイエットを楽しみましょう。

これまでさまざまなダイエットにチャレンジし、挫折《ざせつ》をくり返してきた人は、「どうせまた挫

折するに決まっている……」など、始める前からクヨクヨ考えてしまうかもしれません。**しかし、1日だけダイエットで行うヤセ行動は、今日1日のみ。長続きさせる必要もなければ、途中で挫折するリスクもありません。**

「試しに今日1日だけやってみようかな？」という軽い気持ち（とはいえ、前向きな気持ち）で始めてみてください。

自分でやりたいヤセ行動を選べていれば、たった1日なので多くの人は実行でき、「私はできた！」という達成感を得られるはず。もちろん、失敗する人もいます。その多くは、決めたはずのヤセ行動自体を忘れてしまい、気づいたら1日が終わっていたというパターン。

**忘れずに実行するためには、朝に決めたヤセ行動を紙に書いてなるべく目につく場所に貼ったり、スマホに予定を入れたり、アラームをセットしたりして、実行を忘れない工夫をすれば大丈夫です。**

では、忘れていたわけではないのにヤセ行動を実行しなかったときは、どうしましょう。大丈夫です。「そんな日もあるよね！」って思って笑顔で過ごしてください。

明日はまた、明日1日だけのダイエットを始めればいいのですから。

ステップ❸

量る・振り返る

# 今日1日だけ振り返る「言い訳シート」を書いてみよう

みなさん、おめでとうございます！　ついに1日だけダイエットの最終段階、ステップ3に進んできました。ここで、今日の自分を振り返りましょう。

**このとき、頭の中で振り返るだけではなく、手帳やスマホに必ず記録してみてください。**

自分の行動や感情を客観的に観察して記録することを、心理用語で「セルフモニタリング」といいますが、セルフモニタリングというと少しとっつきにくいので、ここでは「言い訳シート」と呼ぶことにします。

言い訳シートには、

- **その日の体重（量り方は後述）**
- **ヤセ行動が達成できたかどうか**

を記録します。達成できなかった場合は、できなかった言い訳を書き出します（書き方は50～

51ページ参照）。特に、できなかった言い訳を思う存分書き出すことがポイントです。それにより、なぜできなかったのか、またどうすれば実行できるかが見えてきます。

仮に、ダイエッターのフトメさんが「夜9時以降はセレブ盛りで食べよう（セレブ盛りについては36ページ参照）」と決めたのに、実行できなかったとしましょう。

そこで、夜に言い訳シートを書いたところ、

「お昼ご飯を正午に食べた後、夜10時まで何も食べられなかったため、おなかが空きすぎてドカ食いしてしまった」

という結論にたどり着きました。

確かにお昼から10時間以上も食べていなければ、少量の食事で我慢できるはずがありません。

では、いったいどうすればよかったのでしょうか？

解決案としては、昼食から夕食まで時間が空くと最初からわかっていたならば、夕方4～5時の間におにぎりなどを軽く食べておくと、夜の食事量がセーブできたのではないでしょうか。

つまり、フトメさんのヤセ行動は、

**・夕方に軽食をとり、夜9時以降の食事はセレブ盛り！**

というのがより実現可能な目標であったといえます。

**このように、言い訳シートはできなかった理由とどうすれば実行できたかをセットで考えると、ヤセ行動の選び方の精度が上がり、達成率が高まります。**

また、言い訳シートを毎日書いていると、ほかにもさまざまな気づきが生まれます。例えば、

**・固いものから食べる**

というヤセ行動を選んだのに実行できなかった理由が、基本的に

**・いつも柔らかいものばかり食べていた！**

という事実に気づくこともあるでしょう。もちろん、体重の変化も目で見てわかるとうれしくなって、モチベーションアップにつながります。

ところで体重についてですが、1日1回、起床時でも就寝時でもいいので、自分が量りやすいタイミングで毎日同じ時刻に量ってください。

朝と夜では体重が変動するため、時刻を決めておかないと正確な体重の変化がわかりません。体重計は、より正確に量るため、小数点第1位まで正確にわかるタイプを使うといいでしょう。

体重は1日の中で1キロほどの増減があるのは当たり前ですから、少々増えたからといって、落ち込む必要はありません。体重は、1週間、1カ月、3カ月とゆるやかでも確実に変化が現れます。この変化が、モチベーションの維持にひと役買ってくれます。

体重計を置く場所ですが、リビングがおすすめです。家具の下のすきまなどに置く人がいますが、そうした場所に置くから量るのを忘れてしまうのです。理想は、見た目にもおしゃれな体重計を、リビングに堂々と置くこと。確実に量り忘れが減るはずです。

さて、次ページに言い訳シートの記入例と記入シートを用意しました。ぜひ活用してください。

**Dr.木村のダイエット格言！**

**言い訳ばかりの人生はNG！だけど、1日だけダイエットでは言い訳が成功への近道！**

# これが言い訳シートです（記入例っき）。コピーして使おう

上の記入例を参考に、言い訳シートを書いていきます。

まず、朝の段階で、今日の日付と設定したヤセ行動を記入します。体重はどのタイミングで記入してもかまいません。

ヤセ行動をやり終えたら、目標の達成度を、「◎よくできた」「○まあまあできた」「△あまりできなかった」「×できなかった」の４段階で評価。よくできた以外の場合は、「言い訳」欄にできなかった理由を書き込みます。「気づき」欄には、できるようにするにはどうしたらよかったか、またどんなヤセ行動にすれば達成できたかなど、自分なりの分析結果を書き込みましょう。

**記入例**

**9月1日　　体重　56.0kg**

| | | | |
|---|---|---|---|
| ヤセ行動❶ | ・夜9時以降はセレブ盛りにする | 自己評価 | △ |
| 言い訳 | お昼ご飯を正午に食べた後、夜10時まで何も食べていなかったから、おなかが空きすぎてドカ食いしてしまった。 | | |
| 気づき | これから夕食が遅くなるときは、夕方に軽食をとり、夜9時以降の食事はセレブ盛りにする。 | | |

## 言い訳シート

月　　日　　体重　　　kg

| | | | |
|---|---|---|---|
| ヤセ行動❶ | | 自己評価 | |
| ヤセ行動❷ | | 自己評価 | |
| ヤセ行動❸ | | 自己評価 | |

| | |
|---|---|
| 言い訳 | |
| 気づき | |

※このページをコピーしたり、スマホのメモ機能に書き込んだりして、毎日〝言い訳〟しましょう。

# 1日だけダイエットが終了。いかがでしたか？　明日はどうする？

お疲れさまでした。これで今日の「1日だけダイエット」は終了です。いかがでしたか？

「実行できて達成感を感じられた」

「簡単すぎて物足りなかった」

「思いのほか、できなくてショックだった」

いろいろな感想があると思いますが、言い訳シートを書き終えたら、そうした感情はすべてリセット。今日のことはキレイさっぱり忘れて、心地よい睡眠に身をゆだねましょう。

そして、どうすればいいかというと……翌朝気持ちよく目覚めたら、また新たな「1日だけダイエット」の始まりです！　昨日のヤセ行動をもう一度実践してもいいですし、気分を変えてほかのヤセ行動を選んでもかまいません。今のあなたにピッタリ合うものを選んで、ワクワクしながら取り組んでください。

1日だけダイエットの全容が見えてきましたか？

1日だけダイエットは、日々の小さな成功体験を積み重ねるダイエットです。すると、体重にも確実に変化が現れます。家族や友人に「やせたね」「キレイになった！」といわれることも増えます。「やればできるんだ」という自信がつき、もっとがんばりたいと思うようになります。モチベーションが高くなって、もっと負荷の大きいヤセ行動を選びたくなるかもしれません。

こうした好循環の波に乗ることができれば、ダイエットは成功です！　いつまでに何㌔やせるという目標設定をしなくても、気づいたときには理想のプロポーションになっていることでしょう。

いかがですか？　そろそろ、あなたも「1日だけダイエット」を始めたくてうずうずしているのではないでしょうか？　さあ、今すぐ人生最後のダイエットを始めましょう。

Dr.木村のダイエット格言！

**行動が変われば習慣が変わる！**
**習慣が変われば……ダイエットは成功できる！**

「水を飲んでも太る」「何をやってもやせられない」

# 思い込みは全部捨てる！

ダイエットで挫折《ざせつ》とリバウンドをくり返してきた人は、失敗体験が重なり、
根拠のない思い込み（＝認知のゆがみ）が生じていることが
少なくありません。ここでは、よくある認知のゆがみを紹介します。

「どうせ私は水でも太るタイプだし……」

## 水は正真正銘ノンカロリー。水で太ることはありえません！

水で太ると感じるのは、**体内に必要以上に水がたまってしまい、むくむことが原因**だと考えられます。これは、塩分の多い食事をしていたり運動不足で代謝が落ちたりしているからで、決して脂肪が増えたわけではありません。それよりも、どこかでカロリーオーバーをしていないかなど、まずは太る原因を正しく突き止めることが大切です。

やせたところで
絶対リバウンドするに違いない

## 「1日だけダイエット」を正しく行えばリバウンドは防げます！

これまでリバウンドをくり返してきた人は、決して**リバウンドしやすい体質というわけではなく、過激な食事制限や急激に体重を減らすなど、リバウンドしやすいダイエット方法を選んできたから。**こうしたダイエットは即刻やめ、「1日だけダイエット」のような医学的に正しいダイエットにシフトすれば、リバウンドもなく安心してやせられます。

「生まれつき太る体質
だからしかたないもん！」

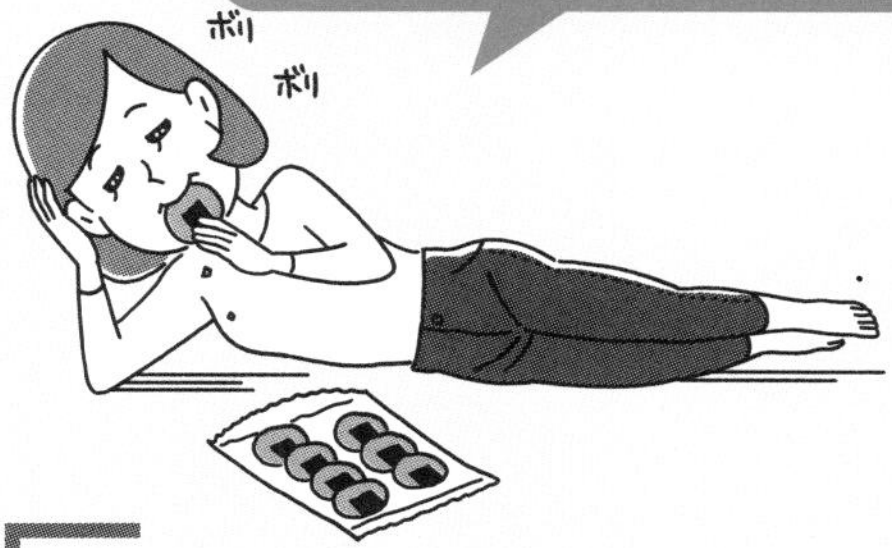


遺伝的に太りやすい体質が存在するのは本当です。しかし、太っている両親の子供が太る原因は、**遺伝よりも生活習慣が大きく関係しています。**「ジュースやお菓子が常備されている」「毎日揚げ物が出る」「夜食が日課」……こうした環境で育った場合、太ってしまうのは当たり前。遺伝だとあきらめず、もう一度生活習慣を見直してみましょう。

## 「太る原因は本当に体質のせい？生活習慣を見直しましょう」

私はダメな人間だから
何をやってもうまくいかない

## 「小さなヤセ行動から始めて、自分に自信をつけましょう」

これまでダイエットで失敗してきた人は、その失敗体験が重なって自己効力感を低めてしまうことがあります。しかし、大切なことなので何度もいいますが、これまでダイエットに失敗してきたのは、合わない強制ダイエットを選んできてしまったから。あなたが悪いわけではありません。まずは、**自分に合ったヤセ行動を選んで「1日だけダイエット」を行い、小さな成功体験を積み上げて自信をつけましょう。**1日1回おめかし外出することも、立派なヤセ行動。あなたなら、きっとできます！

このような根拠のない思い込みで気力が低下したときは、自分の生活習慣や食生活を正確に書き出し、セルフモニタリング（46㌻参照）をして、自分の思い込みに気づきましょう。

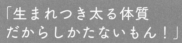

ネガティブ思考をポジティブ思考に変える！

# やせマインドを作る「言いかえ術」

ダイエットにかんする根拠のない思い込みには、
いくつかのパターンがあります。まずは自分の思考パターンを知り、
そうした思考に陥ったらポジティブに言いかえる習慣をつけることで、
やせマインドを手に入れましょう。

## 根拠のない思い込み

### 1 否定的な予測

何度もダイエットに失敗してきたせいで「今度も失敗するかも……」と、悪い予測を立ててしまう考え方。たとえダイエットが成功しても、体重が減ったのは一時的なことで「またリバウンドするに決まっている」とネガティブに考えてしまいます。

### 2 オール・オア・ナッシング

白か黒か、善か悪かというように、物事を両極端にとらえてしまう思考パターン。完璧主義者に多く、一つでも失敗をするとすべてを否定してしまいがちです。例えば、今日行う三つのヤセ行動のうち一つでもできていないと、「あ〜私はもうダメだ〜」とあきらめてしまうことも。完璧を求めず、できたことに目を向け、自分をほめてあげましょう。

### 3 マイナス思考

マイナス思考の人は、物事のマイナス面ばかりに目がいきがち。いつも、できなかったことばかりに気を取られ、「なんでできなかったんだろう、もうダメだ〜」と落ち込んでしまいます。深刻になると、すべてにおいて気力が低下し、うつ病になる恐れも。自分を否定するクセを直すように心がけましょう。

# 7つのパターン

## 4 拡大視や縮小視をする

私たちは、他人の長所は特別よく見えて短所は見えづらく、逆に自分の場合は短所ばかりが気になることがあります。こうした心理が強く働くと、ヤセ行動の中でもできない項目ばかりが強調され、**「運動系のヤセ動作はいつもできない」**といったように、自分を否定してやる気が低下します。

## 5 勝手に自分のせい

街ですれ違った人が笑っていると、**「太っている自分をバカにして笑ったに違いない！」**と思い込んでしまうなど、自分と関係ないことでも全部自分のせいにしてしまう人がいます。そうした人は自分を少し斜め後ろから見るつもりで、何が原因か客観的に判断する訓練をしましょう。

## 6 レッテル貼り

人や物事は本来、多種多様なはずなのに、「あの人は血液型がＡだからきちょうめんだ」と、つい型にはめる考えをレッテル貼りといいます。ダイエットにおいていえば、**「自分は意志が弱いからダイエットが続かない」**と、自分にネガティブなレッテルを貼ってしまうのが問題です。

## 7 固定観念の絶対視

「〜すべき」「〜してはいけない」が口癖の人は、この思考パターンの可能性大。自分で作った観念に縛られて、柔軟な発想ができなくなっています。こうした人は**「毎日必ず体重を量るべき」**、雨が降っていても**「一度決めたのだから歩かなくてはいけない」**と無理に行動するため、ダイエットがつらくなります。

次㌻では、ここで紹介した思い込みをポジティブに言いかえてみましょう！

### 1 否定的な予測

ネガティブ

「今度もダイエットに失敗するかも……」

↓

ポジティブ

「今度は自分の方法で楽しもう」

### 1 否定的な予測

ネガティブ

「やせたけど、またリバウンドするに決まっている」

↓

ポジティブ

（素直に）「うれしい！キープできるようがんばろう」

### 2 オール・オア・ナッシング

ネガティブ

（三つのヤセ行動のうち一つ失敗してしまった）「あ〜私はもうダメだ〜」

↓

ポジティブ

「二つもできた！ 私すごいぞ！えらい！」

### 3 マイナス思考

ネガティブ

「なんでできなかったんだろう、もうダメだ〜」

↓

ポジティブ

「自分に合ってなかっただけ。違うヤセ行動に変えよっと」

### 4 拡大視や縮小視をする

ネガティブ

（運動系と食事系のうち）「運動系のヤセ行動はいつもできない」

↓

ポジティブ

「食事系のヤセ行動は達成できている私、すごくえらい！」

### 5 勝手に自分のせい

ネガティブ

「太っている自分をバカにして笑ったに違いない」

↓

ポジティブ

「思い出し笑いしてるんだな！」

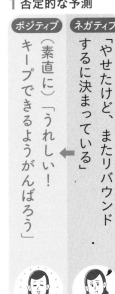

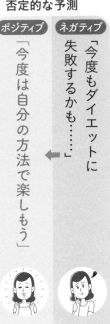

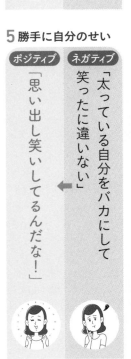

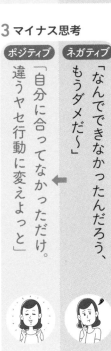

**6 レッテル貼り**

ネガティブ

「自分は意志が弱いから
ダイエットが続かない」

←

ポジティブ

「続かないのは
ダイエット法が悪いだけ!」

**7 固定観念の絶対視**

ネガティブ

「毎日必ず体重を量るべき」

←

ポジティブ

「1日くらい量れなくたって大丈夫。
明日はちゃんと量ろう!」

**7 固定観念の絶対視**

ネガティブ

(雨が降っていても)「一度決めたの
だから歩かなくてはいけない」

←

ポジティブ

「雨の中で歩いても効率が悪い。
家の中で運動できてラッキー」

## 自分のネガティブワードを言いかえてみよう!

根拠のない思い込みを外すためには、その日に浮かんだネガティブな考えを紙などに書き出し、ポジティブに変換してみるのが有効です。言い訳シートを書くさい、いっしょに行うことを習慣化すると訓練になりますよ。

| ネガティブなワード | | ポジティブなワードに変換 |
| --- | --- | --- |
| | → | |
| | → | |
| | → | |
| | → | |

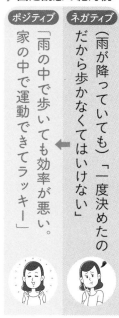

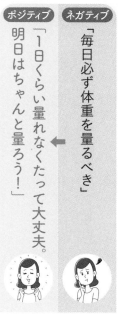

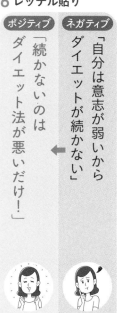

# 「やりたい！」「できそう！」ダイエット成功カルテ❶

私の勤務する肥満外来では、以前から「認知行動療法」を取り入れたダイエット法（本書では「1日だけダイエット」という名称で解説しています）を指導しています。ここでは、実際にやせた患者さんの例をご紹介します。

## モチベーションアップの工夫で12キロの減量に成功！

**鈴木陽子さん**（仮名・28歳）

鈴木さんが肥満外来にきたのは、すでに自己流ダイエットを始めて少しやせた後、やせにくくなる停滞期に入ろうとしていたころでした。

やる気はあるものの、60キロ台までやせたいという目標数値があったために達成感を感じにくく、自分の体型にコンプレックスがあることからも、ストレスをため込んでいるのが見て取れました。

| | |
|---|---|
| **身長** | ：**158.0**センチ |
| **体重** | ：**86.4**キロ ➡ **74.6**キロ<br>（11.8キロ減） |
| **BMI** | ：**34.6** ➡ **29.9**<br>（4.7 ポイント減） |
| **体脂肪率** | ：**53.6**％ ➡ **41.4**％<br>（12.2％減） |

鈴木さんの性格診断（82ページ参照）を行ったところ、**「母性の強いお母さん」と「優等生な少女」タイプであるとわかりました。鈴木さんのような方は、人に対する依存心が高く、いわれたことを素直に実行できるのですが、自分に対する評価が低くなりがちで、ストレスをため込んで挫折《ざせつ》しやすいのが特徴です。**実際にこれまで食べすぎていた摂取カロリーを適正量に抑え、「買い物帰りにひと駅歩く」などのヤセ行動も取り入れ、3カ月で3キロほどやせましたが、本人は成功している実感が得られず、モチベーションも上がらなかったのです。

「このままでは挫折してしまう」という心理士チームの報告で、私たちは鈴木さんのメンタル面に寄り添い、ストレスを軽くしてあげることを優先しました。

鈴木さんのようなタイプは一人よりもみんなで取り組んだり、ほめられたりすることでモチベーションが上がる傾向にあります。そこで、我々も鈴木さんとコミュニケーションを密にして、小さなことでも積極的にほめました。特に、鈴木さんから寄せられた食事面での質問に対して管理栄養士がていねいに答えることで、厳しい食事制限抜きではやせられないという思い込みが徐々に外れて、ストレスや不安が軽減されたようでした。

そうした行動が実を結び、半年後には約9キロ、9カ月後には約12キロのダイエットに成功！自分に自信が持てるようになったせいか、性格まで明るくポジティブな印象になりました。

※日本肥満学会では BMI22 を標準体重とし、25 以上を肥満、18.5 未満は低体重とされる。
健康的な体脂肪率の目安は、女性は 20 ～ 29%、男性は 10 ～ 19% とされる。

## 6・4キロもやせておなかもへこんだ!

### 上田靖子さん（仮名・52歳）

身長　：144.2センチ
体重　：72.5キロ ➡ 66.1キロ
（6.4キロ減）
BMI　：34.9 ➡ 31.8
（3.1ポイント減）
体脂肪率：61.0％ ➡ 46.1％
（14.9％減）

出産後に徐々に体重が増え、脂肪肝で近所の病院に通院中だった上田さん。あるとき検査で首の動脈に異常が見つかり、その後に精密検査をしたところ、甲状腺《せん》がんと診断されたそうです。手術の安全性を高めるためにはやせる必要があったため、肥満外来を受診されました。

話を聞くと、夜な夜なポテトチップスを食べており、ご主人と2人で週に3回ほど外食でランチを楽しんでいるとのこと。こうした生活を続けていく中、毎日少しずつ摂取カロリーがオーバーして太ってしまったようです。当然、おなかもポッコリと出ていました。

そこで、上田さんには、「間食は2週間に一度、半量にする」「外食は主食を半分残す」というヤセ行動を選んでもらい、毎日の食事記録をお願いしました。

しかし、3カ月後に上田さんにお会いしたところ、夜食はやめられていましたが外食で主食を控えるのは難しかったようで、減量もあまり進みませんでした。

外食がダイエットの妨げになっていることは明らかでしたが、上田さんご自身は活動量の低下

## 上田さんの体重推移と経過

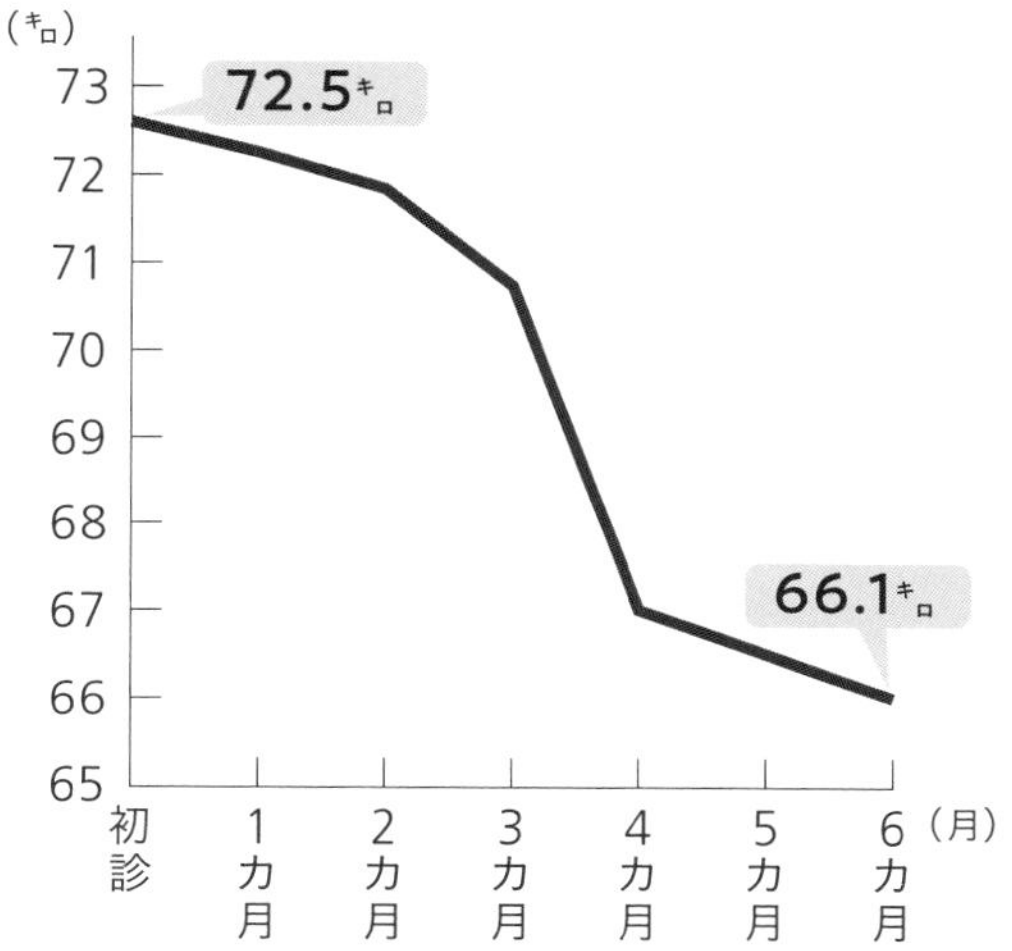
(キロ)
73
72
71
70
69
68
67
66
65
72.5キロ
66.1キロ
初診
1カ月
2カ月
3カ月
4カ月
5カ月
6カ月
(月)

が太った原因で、外食は影響がないと思われていたようで、そもそも外食で食べる量を減らすこと自体、意欲的になれないようでした。そこで、外食ランチで量を減らすことを一旦やめて、外食した日の夜の食事量を調節してもらうことにしました。

すると、その後はたった1カ月で、体重が一気に3・7キロダウン。これにより、外食が太る原因であったことにようやく気がついた上田さんは、その後は自主的に外食の頻度を減らすなど、明らかに行動に変化が見られました。こうして太る原因が改善された結果、半年で6・4キロの減量に成功し、おなかもかなりへこみました。

**上田さんの場合、毎日の食事と体重を記録していたため、太る原因が活動量の少なさではなく外食にあることを日々の振り返りによって認知・修正できたことが、成功の要因といえるでしょう。**

このことからも、セルフモニタリングがダイエットには非常に有効であることがおわかりいただけるかと思います。

# ストレスフリーで楽しみながら10キロやせられた！

**田中真美さん**（仮名・45歳）

身長：170センチ
体重：87.6キロ ➡ 77.5キロ
（10.1キロ減）
BMI：30.4 ➡ 26.8
（3.6ポイント減）
体脂肪率：43.2％ ➡ 36.4％
（6.8％減）

人生で、ダイエットをしなかった時期はないといえるほどの万年ダイエッター・田中さんは、健康のためにも今度こそ本当にやせようと決意し、肥満外来を受診されました。通勤で毎日20分歩いており、イヌの散歩も日課で運動量は十分でしたが、職場でお菓子を頻繁にもらって食べるなど、間食が多く太ってしまったようです。

そこで、最初のカウンセリングで「①ご飯の量を量る」「②夕食のご飯の量を朝、昼と同じにする」「③間食は1週間で７００キロカロリー以内にする」の３つヤセ行動を目標に選んでもらいました。

1カ月後に話を聞くと、①と②は達成、③は間食の量は減ったものの７００キロカロリー以内は難しかったとのこと。そこで、③の目標をやめ、「朝晩で1キロ以上増加した翌日には間食を減らす」と、**間食についてもヤセ行動のレベルを下げ、ストレスがたまらないよう配慮しました。**

その結果、やる気がアップし、「プールで泳ぐ」「スクワットをする」など、好きなヤセ行動も増えていき、間食をやめずに10キロ減に成功。おなかまわりもくびれてスッキリしました。

# 第2章

## がんばらなくてもスルスルやせる！
## 1日だけダイエットで
## 劇的にやせる理由

やせる理由

# 1

# 自分で今日やる行動を選んで実行！だから〝やらされ感〟ゼロ

糖質って
私の大好物
なんだった……
POTATO

第1章で、1日だけダイエットのやり方はマスターしていただけたでしょうか？

さて、ここからは、1日だけダイエットでなぜこんなにも簡単にやせられるのか、従来のダイエット法（強制ダイエット）よりも効果が2倍も大きくてリバウンドが少ないのか、その理由について、医学的な視点から解説をします。もしも難しく感じる人は、読み飛ばしてもかまいません。

第1章で何度も述べましたが、1日だけダイエットの最大の特徴は、「やりたくて、できそうなヤセ行動」をみなさん自身が選んで実行する点にあります。

つまり、やせる理由の第一は〝やらされ感がない〟ということです。自分で選んでいるので、主体的に取り組むことができ、無理や我慢をすることなくダイエットに取り組めます。

とはいえ、流行のダイエットに取り組んでいる人の中には、「テレビや雑誌を見て自分がやりたい！と思って決めたのだから、それも自主的なのでは？」と疑問に思う人もいるでしょう。

でも、よく考えてみてください。そのダイエット法をいくらやりたいと思っても、あなたのライフスタイルや体力、その日の気分に合っていなければ続けられません。例えば、近年人気の糖質制限ダイエットにしても、あなたが糖質好きだった場合、ほかほかの白米もふわふわのパンも、甘くておいしいスイーツも食べずに一生過ごすことができますか？　考えただけで「つらい！いやだ！」と思う人がほとんどではないでしょうか。

**自分が心からやりたいと思って主体的に取り組むことができなければ、ダイエットは成功しません。**この点は、勉強や仕事でも同じことがいえますよね。

**やらされ感のある勉強法で成績が伸びるでしょうか？**

**やらされ感を持っていながら、多くの人に喜んでもらえる仕事ができると思いますか？**

やりたい！と思えないことで成功する確率は低いと思います。１日だけダイエットは、みずから意欲的に取り組める点に重きを置いているので、圧倒的にやせる効果が得られるわけです。

やせる理由

2

# 日常生活でできることばかり！ダイエットに時間を取る必要はゼロ

ダイエットのさい、めんどうで時間がかかる方法は、たいていは長続きしません。

「ジムに通いはじめたけれど、途中で仕事が忙しくなって行かなくなってしまった」「カロリー計算に挑戦してみたけれど、途中でめんどうになってやめてしまった」など、みなさんの中にも、そうした経験がある人も多いのではないでしょうか？

こうしたダイエットで失敗するのは当然です。どうか自分を責めないでくださいね。

ダイエットの成功率を高めるには、「時間と手間をいかに減らすか」が重要です。

1日だけダイエットでは、その点を特に配慮してヤセ行動を設定しています。

「エレベーターではなく階段アップダウン」「もらったお菓子はもらいものリレーに」「夜9時以降の食事はセレブ盛り」など、時間も手間もかからないものばかりなので、無理なく取り組めて、ダイエットのために時間を取る必要がほぼありません。

これなら、忙しい人でも実践できそうな気がしませんか？

もちろん、時間に余裕があって、体を動かすことが大好きな人は、どうぞ時間と手間をかけてダイエットをしてください。**大切なのは、自分のライフスタイルを無理やり変えてまでダイエットをしないということ。それだけは確実に守りましょう。**

Dr. 木村の
ダイエット
格言！

**誰にとっても1日は24時間。やりたいことに使うのが成功の秘訣！**

やせる理由

3

# NEAT消費量が上がれば、ダイエット効率もアップ！

ヤセ体質に近づく

1日だけダイエットのヤセ行動は、ふだんの生活の中で取り組めるものばかりです。これは、無理なく取り組めて継続しやすいという利点のほかに、もう一つは「NEAT《ニート》（非運動性熱産生）」による消費エネルギーを高めるメリットがあります。

NEATとは、運動以外の身体活動で消費されるエネルギーのこと。

洗濯・掃除・子供の世話といった家事や育児にかんする活動や、通勤などの仕事にかかわる活動などがこれに当たります。

人が1日に消費するエネルギー量のうち、50～70％は基礎代謝量（安静にしていても消費されるエネルギー量のこと）が、10％が食事誘発性熱産生（食事をすることで消費されるエネルギー量のこと）、そして**残りの20～40％が、NEATと運動を合わせた身体活動によるものです**（下のグラフ参照）。

これまでの常識では、やせるためにはまずは運動量を増やすことが重要で、それ以外の身体活動ではやせる効果が期待できないと考えられてきました。しかし、近年の研究では、無理に運動量を増やさなくてもNEATによるエネルギー消費量を増やせば、ダイエット効果が望めるとわかってきたのです。

## NEATと運動を合わせた身体活動の目安

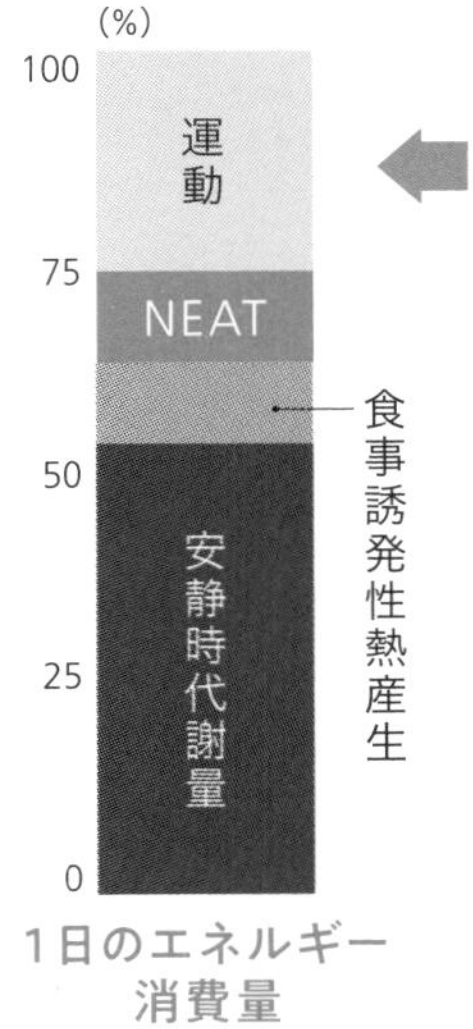


**NEATと運動の強度／ 単位：メッツ(METs)**

| | |
|---|---|
| 1 | 寝ている・ダラッと座っている |
| 1.3 | 静かに座ってテレビを見る |
| 1.5 | 座った状態のデスクワーク |
| 1.8 | アイロンがけ・立位での会話 |
| 2 | 料理・洗濯 |
| 2.3 | 皿洗い・立ち仕事 |
| 2.5 | ヨガ・ストレッチ |
| 3 | イヌの散歩・子供の世話 |
| 3.5 | お風呂掃除 |

NEAT
日常生活よるエネルギー消費

運動
ジョギング・筋トレなど運動によるエネルギー消費

※メッツとは、運動強度の単位のこと。安静時を１としたときと比較し、どのくらいエネルギーを消費するかを示している。

ここで、データにもとづいて見ていきましょう。

平成28年度の厚生労働省の国民健康・栄養調査によると、**30分以上の運動を週2回以上実施し、1年以上継続している人の割合は、男性で35・1%、女性で27・4%ほどで、運動は身体活動の10%に満たない**と推測されています。

一方、太っている人と太っていない人のＮＥＡＴを比較してみると、太っている人は座って過ごす時間が１６４分長く、この時間を仮に立ったり歩いたりして過ごした場合、１日につき約３６０《キロカロリー》のエネルギー消費量が追加できると考えられます（下のグラフ参照）。

つまり、**運動不足よりも座っている時間が長いことのほうが肥満の重大原因といえるのではないでしょうか。**

## 肥満と座位時間の関係（NEAT比較）

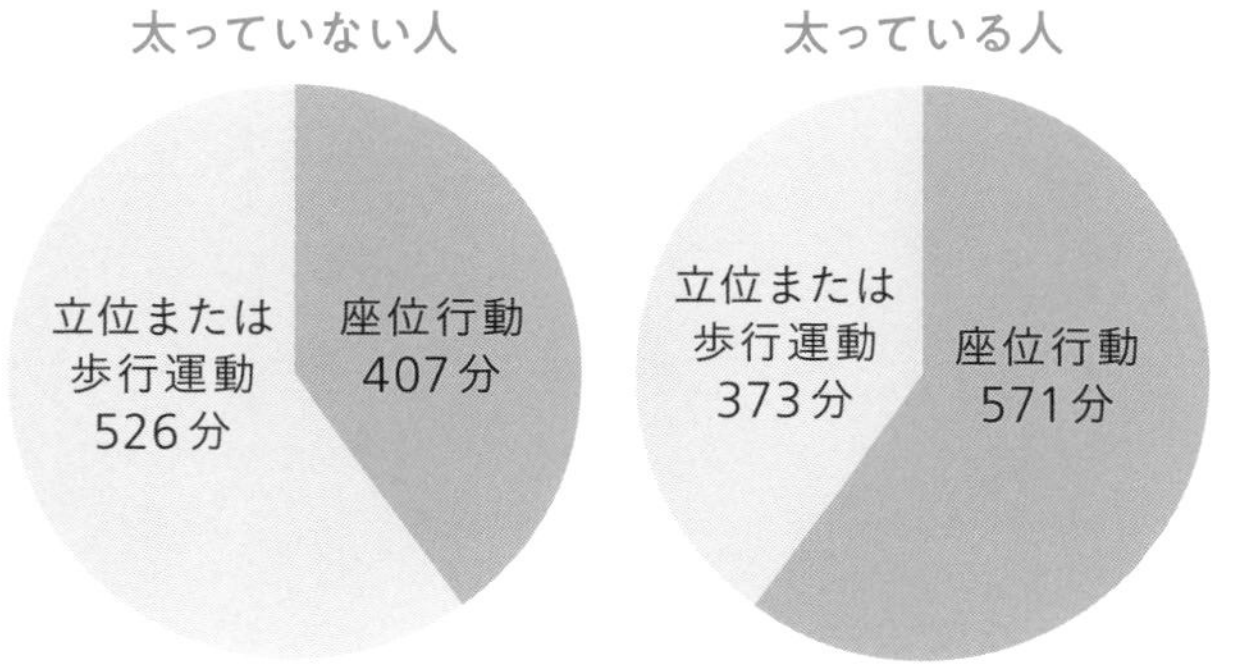

太っていない人
立位または歩行運動 526分
座位行動 407分
太っている人
立位または歩行運動 373分
座位行動 571分


太っている人は、太っていない人に比べてデスクワークなどで座っている時間が長いという結果が。座る時間を少なくするだけでも、ヤセ行動につながります。

時間を割いてわざわざジョギングや水泳などをしなくても、日々の生活でなるべく座っている時間を減らし、ちょこちょここまめに動くだけで、ダイエットは成功に近づくというわけです。

「1日だけダイエット」のヤセ行動日常動作編（32～35ページ参照）は、このNEATのエネルギー消費量を増やす点を考慮しているのです。

「今日1日は階段アップダウン」

「スクワット歯磨き」

など、みなさんの中にはヤセ行動が簡単すぎて「たったこれだけで本当にやせられるの？」と疑問に思った人もいるかもしれませんね。

ところが、これらはデータにもとづいてNEATを増やすという目的のものであることが、おわかりいただけたのではないでしょうか。

「チリも積もれば山となる」ということわざがあるように、一見やせる効果が少ないと思われがちな地味な行動も、毎日コツコツ取り組むことで、必ず大きな成果に結びつきます。焦らずに確実に実行し、小さな成功を積み重ねつつ、前へ前へと進んでいきましょう。

やせる理由

# 4

# 毎日がダイエット初日。だから気分はいつも新鮮で失敗しても引きずりません

やせようと固く決意し、ダイエットを始めた初日は、誰しもメラメラとやる気に満ちているものです。

しかし、毎日同じダイエットをくり返していると、徐々に気持ちがゆるんできたり、ダイエット自体に飽きたりして、モチベーションは低下しますよね。

このような精神状態のときに、外食のお誘いや甘いお菓子の差し入れがあると、ついその誘惑に負けて食べすぎてしまい、挫折《ざせつ》してしまうことも少なくありません。

みなさんの中にも、こうした失敗体験ばかりが積み重なり、「自分は意志の弱い人間だからダイエットなんてできっ

こない」と、ダイエットをする自信や気力を奪われてしまっている人もいるかもしれません。

しかし、安心してください！

本書を手にした時点で、あなたはすでにこの負のループから脱却しています。

1日だけダイエットでは、毎日同じダイエット法（ヤセ行動）をする必要がありません。つまり、毎日がダイエット初日。仮に1週間くらい同じヤセ行動を試してみても、飽きてきたらまた別のヤセ行動に変えればいいのです。もちろん、毎日変えても問題ありません。

「今日は体調がいいから、体を動かすダイエットをしよう」

「今日は運動をする気力がわかないから、お菓子を我慢して摂取エネルギーを減らそう」

あなたの気分に合わせて、ヤセ行動が選べるのです。

**新鮮な気持ちでダイエットに取り組めるので、モチベーションの維持がしやすく、挫折しにくいのが1日だけダイエットの魅力。**これまで自分は意志が弱いからダイエットが続かない！　そう思っていたあなたにこそ、よく効くダイエット法といえるでしょう。

やせる理由

5

# きつい運動もないからストレスがたまりません。だから自然と長続きします

これなら
カンタンそう！
-1キロ
-1キロ
-1キロ
-1キロ
-5キロ
達成！

「ダイエットはストレスがたまって当たり前、そのストレスに打ち勝ってこそ成功するものだ」

みなさんの中にはそう思っている人もいるでしょう。

**しかし、ストレスこそダイエットの最大の敵。自分で自分にムチを打ち、身も心もボロボロになりながら行うダイエットとは今すぐ縁を切るべきです。**

そもそもストレスとは、外から刺激を受けたときに生じる緊張状態のこと。人はストレスを受けると、なんらかの行動でそれを発散させようとします。ダイエットでいえばその多くが暴飲暴食であり、ストレス太り・リバウンドへ

とつながってしまいます。

そうならないためにも、まずはあなたのストレスのたまる条件を思い出してください。甘いものが大好きな人なら、お菓子を我慢することはストレスに直結します。運動が苦手なら、1日30分のジョギングをやった時点でストレスを感じるでしょう。

このように、あなたがストレスを感じる行動を把握することはとても大切。そして、ストレスを感じる行動は選ばないこと。**ストレスには、立ち向かわず逃げるのがダイエット成功の近道です。**

「1日だけダイエット」は、やりたいと思ったヤセ行動しか実践しないので、強制ダイエットのようにストレスがたまりません。そのため、無理せず続けることができ、気づいたときには、きっと理想のプロポーションへと近づいているはずです。

Dr.木村のダイエット格言！

**「ダイエット＝ストレスがたまるもの」そうした思い込みから今すぐ脱却！**

やせる理由

6

# 従来のダイエット法で必ずある〝目標体重の設定〟は不要。だから挫折がない

目標
1カ月で-5キロ
なんでこんなに
がんばってるのに
やせないの～
目標
今日は
おめかしして外出する♡
ショッピングで
たくさん歩いたし
目標も達成♡

「来月の同窓会までに、あと5キロやせたい！」
「夏までに3キロだけでもやせられたら……」
ダイエットを始めるときは、こうした数値目標を設定してしまいがちです。しかし、これこそがダイエット失敗の落とし穴。

そもそも、こうした数値目標は実現不可能な目標を設定しがちです。

1キロ減量するためには約7200キロカロリーを消費する必要があるとされています。仮に体重60キロの人が1カ月で5キロやせようとした場合で考えてみましょう。単純計算で、5キロ

やせるためには7200キロカロリー×5キロで3万6000キロカロリー消費しなくてはなりません。1日に換算すると、3万6000キロカロリー÷30日で毎日1200キロカロリーの制限が必要になります。消費エネルギーで見ると、体重60キロの人が仮に軽いジョギング30分で155キロカロリー※程度を消費できる場合、1カ月で体重5キロ分を運動だけでやせようとするならば、毎日4時間近く走りつづけなければなりません。どう考えても無理だと思いませんか？

**そして、そもそも無謀な目標であるにもかかわらず、この日までにやせなくてはいけないというプレッシャーがストレスとなり、ストレスから暴飲暴食、リバウンドへとつながってしまいます。**

「1日だけダイエット」では、こうした数値目標は一切設定しません。

**重要なのは、何キロやせるかではなく、何をするか。**その日のヤセ行動が達成できたかどうかだけを振り返るので、これまでのダイエットのような挫折《ざせつ》がありません。

Dr.木村の
ダイエット格言！

〝体重〟に振り回される人生は今日でサヨナラ。
今できることをやる！　それがこれからの人生。

※筋肉量や身長、年齢などによって変わります。

やせる理由

# 7

# 自分を客観的に見つめることで「自分はできる！」と自信が持てる

1日だけダイエットは、毎日の振り返りを重要視しています。本書では、言い訳シート（50～51ページ参照）にその日の達成度や言い訳などを書き込むことを推奨していますが、こうして紙やスマホに書き込むことで、自分を客観的に観察できるようになります。

ダイエットをいざ始めても、体重が落ちるまでにはある程度の時間が必要です。そもそも、急激にやせるのはリバウンドの原因となるため、1カ月にやせる目安は2キロ程度。それ以上はやせないようにするのがベターです。

しかし、すぐに結果に結びつかないと、「こんなにがんばっているのにやせないなんて、もうダメだ」といったように、気持ちが折れてしまいがちです。

しかし、こんなとき言い訳シートに達成度と体重を記録しておくと、小さな変化も見落とすことなく、「1週間単位では体重が減っていないけれど、1カ月前と比べたら2キロもやせていた」というように、少しでも確実にやせているとわかり、それが自信につながります。

そして「もっとがんばろう」「明日は何をしようかな」と前向きな気持ちでダイエットに取り組めるため、挫《ざ》折《せつ》のリスクが大幅に減らせるのです。

さらに、こうして自己効力感が高まると、ダイエット以外のあらゆることにかんしても、前向きに取り組めるようになります。ネガティブ思考だった人もしだいにポジティブな思考へと変わり、今まであきらめていたさまざまなことに挑戦しようという意欲がわいてくるでしょう。

**そうです、1日だけダイエットは、ただやせるためだけの方法ではなく、自分に自信を持ち、人生を切り開く力を養う自己啓発メソッドでもあるのです。**

1日だけダイエットのすばらしさがおわかりいただけたでしょうか。星の数ほどあるダイエット法の中から「1日だけダイエット」を選んだあなたには、すでに明るい未来が待っています。

どうぞ安心して、自信を持って「1日だけダイエット」にトライしてみましょう。

## あなたの性格診断

# 性格を"正確"に知るのがダイエット成功の近道

自分の性格を客観的に正しく理解すると、自分に合ったヤセ行動を
選びやすくなります。ここでは、医療現場で成果を上げている
「交流分析」という手法であなたの性格の傾向をセルフ診断してみましょう。

### あまり考えずに 当てはまるものすべてにチェック

## A

- □ 時間を必ず守るほうだ
- □ 約束を破ることはほとんどない
- □ 規則やルールはきちんと守る
- □ 無責任な人を見ると、許せないと感じる

## B

- □ 常に人の気持ちや感情を理解しようとしている
- □ 親切な人だとよくいわれる
- □ 困っている人を見るとほうっておけない。手助けしてあげたくなる
- □ 思いやりがあるといわれる、あるほうだと思う

## C

- □ 物事を分析し、事実にもとづいて考える
- □ いつも「なぜそうなのか」と理由を考える
- □ 何事も、何が問題の中心かを考え直す
- □ 物事を冷静に判断できるほうだ

## D

- □ どんなことでも、すぐにおもしろいと感じる
- □ 将来の夢や楽しいことを空想するのが好き
- □ 好奇心が強いタイプだと思う
- □ 物事を明るく前向きに考えるほうだ

## E

- □ 他人の気持ちが気になり、
合わせてしまうことがよくある
- □ 人のいうことに合わせることが多い
- □ 遠慮がちで控えめなタイプだ
- □ 親や周囲に振り回されることが多いと感じる

A～Eの中では、どこに最もチェックが入りましたか？（次ページへ）

## Aが多かったあなたは……
# 頑固なお父さんタイプ

時間やルールなどの規律を守ることは当然だと考え、守れない人を見ると、憤りを感じるあなたは「頑固なお父さんタイプ」。職業でたとえるなら、警察官や裁判官。自分が納得できないことはやらない、やりたくないと思う頑固な側面がある一方で、納得さえできればしっかりと取り組もうとします。

（ダイエットのポイント）

まじめなタイプで、セルフモニタリングも得意中の得意。ただし、完璧《かんぺき》主義者で一つでも達成できないと、自分を責めてやる気を失ってしまうことも。「たまにはできなくて当たり前」と自分を甘やかしてあげましょう。

## Bが多かったあなたは……
# 母性の強いお母さんタイプ

優しく寛容でいつも笑顔のお母さんタイプ。世話好きでめんどう見がよく、実際に太っている人が多く、愛する家族のためにたくさん手料理を作り、ついつい余ったご飯やおかずを食べて太ってしまうことも。また、無意識のうちに自分を犠牲《ぎせい》にしてストレスを抱え込みやすい面もあるので注意が必要です。

（ダイエットのポイント）

このタイプは自分に甘く継続が苦手で、毎日の言い訳シートを書くこともストレスになりがちです。まずは、簡単なヤセ行動から始めましょう。いっしょにダイエットをする仲間を見つけるのも効果的です。

※診断結果は、あくまでも目安です。自分を客観的に見つめるための参考にしてください。

## Cが多かったあなたは……
# 合理的なビジネスパーソンタイプ

ITや金融企業など最先端の分野で働くビジネスマンというイメージがぴったり。物事を客観的に分析し、感情に流されることなく目的を遂行するのが得意で、「1日だけダイエット」が最も成功しやすいのがこのタイプです。ただし、Aの頑固なお父さんタイプ同様、自分に厳しい傾向があるので気をつけましょう。

（ダイエットのポイント）

合理的なこのタイプは、過信から負荷の大きなヤセ行動を選びがち。少し軽めのヤセ行動から始めて、徐々にレベルアップをしていきましょう。情報収集が得意な半面、間違った情報に振り回されないように。

## Dが多かったあなたは……
# 無邪気な少年タイプ

好奇心いっぱいで、周囲を明るくするムードメーカー。一方で自己中心的な部分があり、飽き性な人が多く、はやりのダイエット法に飛びついてはすぐ挫折《ざせつ》、ということも。でも失敗を引きずらないのもいいところ。気持ちを切り替え、次の日から再トライできる「1日だけダイエット」向きのタイプです。

（ダイエットのポイント）

「エレベーターではなく階段を使う」といった地味な行動ではなく、自分が楽しいと思えることを最優先にヤセ行動を選ぶことが成功の秘訣《ひけつ》。頻繁にヤセ行動を変えて、飽きないように工夫するのも効果的です。

# Eが多かったあなたは……
# 優等生な少女タイプ

周囲の評価を気にして行動を選ぶ傾向が強く、頼まれるとイヤといえずについOKしてしまうタイプで、イライラのはけ口を暴飲暴食で発散することも少なくありません。また、自己評価が低く、ささいな失敗でも自信をなくしてしまいがち。「ほめてもらいたい」という気持ちがモチベーションにつながります。

（ダイエットのポイント）

人の意見は素直に聞き、まじめに取り組むのが長所。肥満外来など専門家の指導を仰いだり、家族や友人にサポートしてもらい、目標が達成できたらほめてもらえる環境を作ると、成功率はアップします。

## 欠点を補って、ストレス太りを解消

基本はチェックが最も多く入ったタイプがあなたの性格に近いのですが、人間の性格が五つにきちんと分かれることはなく、五つそれぞれ、当てはまる数が多いものや少ないものがあったかと思います。そこでこの五つの性格を得点化し、グラフにしたものが右のエゴグラムです。エゴグラムに正しい形はありませんが、自分の性格や特性を理解して、望ましい性格に自分を導くことができるとされています。

日本人の平均パターン「への字型」

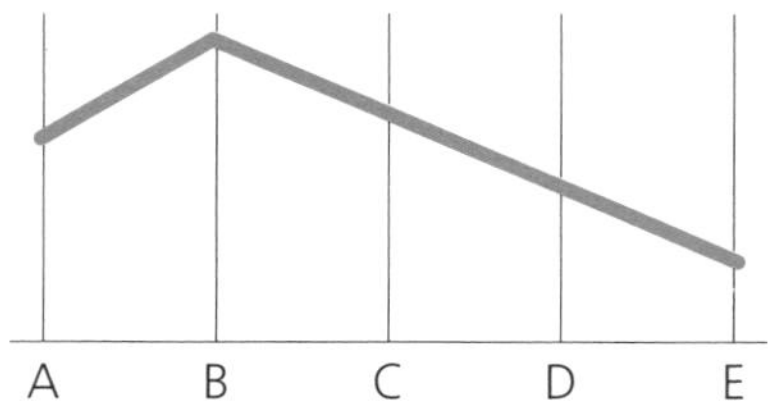


日本人の場合、Bの「母性の強いお母さん」が最も高い「への字型」が平均的パターンといわれています。なんとも、社会との和を大切にする国民性が現れていますね。

※診断結果は、あくまでも目安です。自分を客観的に見つめるための参考にしてください。

# 第3章

1日だけダイエットの効力アップ法❶

## 筋肉を鍛えず刺激するだけ！体のやせスイッチを入れる「1分ポーズ」

1分ポーズ

1

# 筋肉は鍛えずに少し刺激するだけでいい！
## 若やせホルモン「マイオカイン」が増える！

1日だけダイエットは、あなた自身が「やりたくて」「できそうだ」と思うヤセ行動だけを行うダイエット法です。「ラクして確実にやせたい！」と、願いつづけてきたあなたにぴったりだと思います。

そして、さらに朗報です！

「ラクしてやせたい！」という究極の願望をさらに叶える、とっておきの情報があります。筋肉に最近見つかった新しい働きについてです。

これまでダイエットのためには、激しい筋トレなどで筋肉量を増やすことが重要といわれてきました。もちろんそのこと自体は間違いではありませんが、**最近では、筋肉は量を増やさなくても、刺激を与えるだけでダイエット効果が期待できるとわかってきたのです。**

## マイオカインに期待できる働き

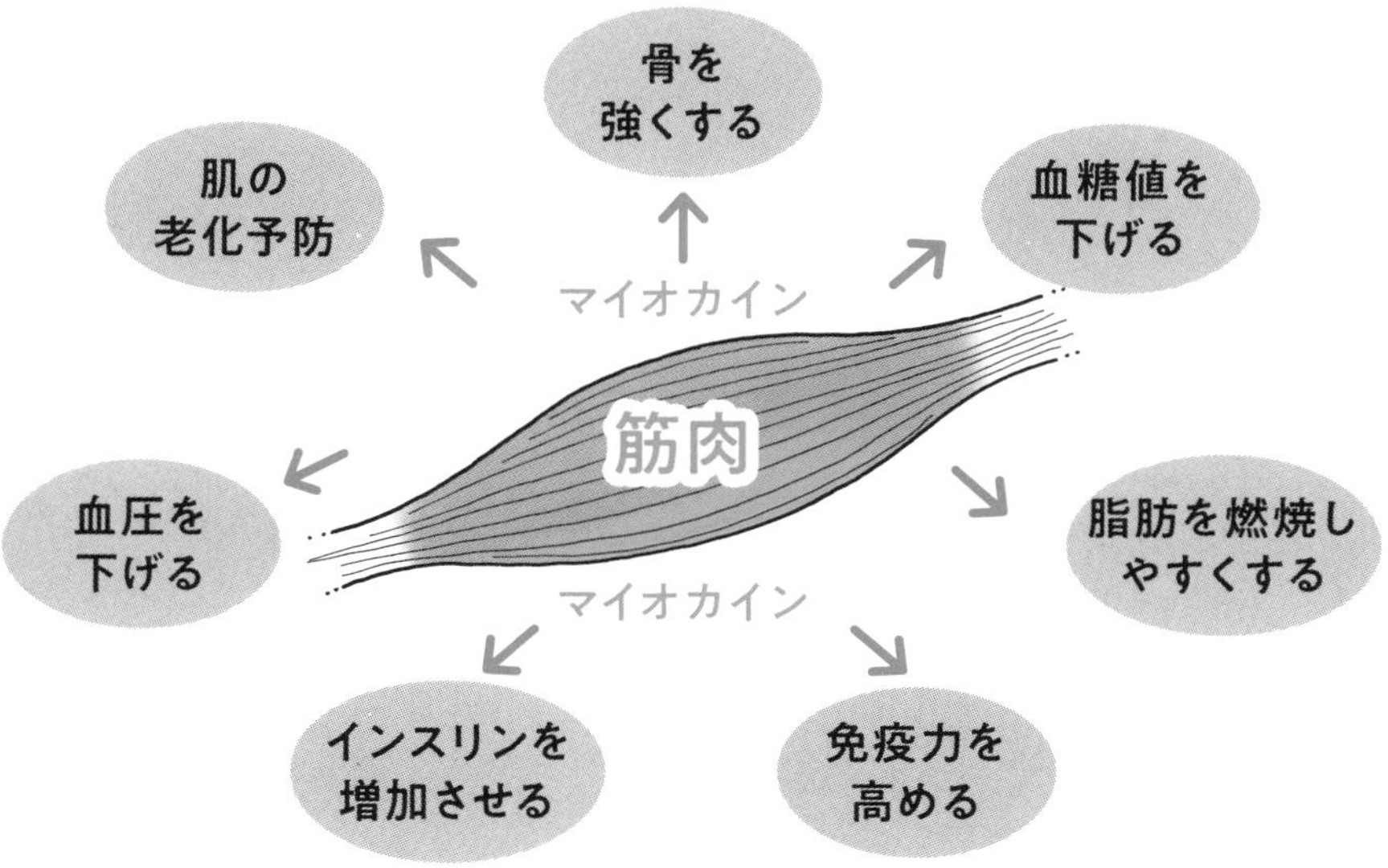
骨を
強くする
肌の
老化予防
血糖値を
下げる
マイオカイン
筋肉
血圧を
下げる
脂肪を燃焼し
やすくする
マイオカイン
インスリンを
増加させる
免疫力を
高める

これはつまり、ハードな筋トレをしなくても、少し筋肉を動かせばダイエット効果が得られるということ。「そんなバカな！」と思ったみなさんのために、もう少しくわしく見ていきましょう。

筋肉を刺激するだけでやせる理由は、「マイオカイン」というホルモンがカギを握っています。

**マイオカインは、筋肉細胞から分泌《ぶんぴつ》されるホルモンの総称で、その中のいくつかのホルモンは脂肪を効率的に熱エネルギーに変換して消費し、やせやすくて太りにくい体を作る働きが期待できます。**

後で述べますが、マイオカインはダイエット効果以外にも、血糖値や血圧を下げたり、認知症の予防にも役立ったりする可能性があるとされ、世界中の多くの研究者から注目を浴びています。

今後は恐らく、一般のみなさんにも広く知られる存在になるはずですので、ぜひ名称を覚えておいてください。

では話を戻しましょう。みなさんは、筋肉にはどんな役割があると思いますか？

多くの人は、「骨格を覆っていて体を支えたり動かしたりする役割」、と答えるのではないでしょうか。もちろんそのとおりなのですが、それればかりでなく、細胞からやせるホルモンを分泌《ぶんぴつ》していたなんて、誰が想像したでしょうか。このマイオカインの発見は、これまでの筋肉の常識を一変させる世紀の大発見といえると思います。

マイオカインのすごさについて、筋肉を車のエンジンの排気量にたとえて考えてみましょう。

これまでのダイエットは、筋トレをガンガンすることで、１２００ccのエンジン（筋肉）を仮に１６００ccまでパワーアップさせて（筋肉量を増やして）脂肪を燃焼させるという手法でした。

つまり、筋肉量が多い体（大きな排気量の車）になれば、脂肪の燃焼場所が増えて、脂肪がたっぷり燃やせるわけです。

一方、マイオカインを分泌《ぶんぴつ》させれば、エンジンが高性能になって1200ccのままでも1600ccと同等の脂肪燃焼が期待できるようになり、筋肉量が少ないままでも、やせやすく太りにくい体になれるというわけです。なんとも効率がいい、ありがたい話だと思いませんか？

「1日だけダイエット」のヤセ行動でも、負荷が軽いものをあげていますが、それはマイオカインの働きを意識してのことで、負荷が軽くても筋肉がきちんと刺激できればダイエット効果は十分期待できるのです。

特に33ページで紹介した「スーパーマンのポーズ」は、全身の筋肉を効率よく刺激できるため、おすすめです。くわしいやり方については98ページで紹介しますが、その前に次ページからは筋肉を刺激することで得られる、もう一つのすばらしい効果について解説します。

Dr. 木村の
ダイエット格言！

**これからの時代は、仕事もダイエットも効率よく！が成功への近道。**

1分ポーズ

2

# 筋肉を刺激すると「眠っている遺伝子」が目を覚ます！ やせやすい体質に！

「木村先生、私は家系的に太りやすい体質だからやせられないんです！」

ダイエットがうまくいかない、もしくは挫折《ざせつ》してリバウンドをくり返す患者さんから、こうした言葉を何度も耳にしてきました。自分の両親も、祖父母もみんな太っているから、遺伝的に太る体質に違いない……そう思うのは当然です。

実際のことをいうと、太りやすさは確かに遺伝します。

同じ食事量や運動量でも、人によってダイエット効果に差が出るのは、こうした遺伝による部分も大きいといえるでしょう。

「遺伝なんて関係ない！　努力が足りないだけだ！」

といわれ、傷ついた経験をお持ちの人もいると思いますが、体質の遺伝要素はありますので、どうぞ安心してください。

では、太りやすい家系の人はやせることをあきらめるしかないのかといえば、そんなことはありません。**近年の研究による新たな発見によって、遺伝的に太りやすい体質を変えられるかもしれないことがわかったのです！**

その点を説明する前に、遺伝子について簡単に解説しましょう。

遺伝子は、体を作る設計図のようなもの。人間には約2万~3万個の遺伝子があると考えられており、親から子へと代々受け継がれていきます。この設計図の違いにより、外見や性格、能力などの個性が生まれます。ここまでは、なんとなくイメージしていただけるでしょうか。

ここでみなさんが勘違いしがちなのが、人間は、一人ひとり違う遺伝子を持っているのではないかということです。

実はそんなことはありません。

**驚かれるかもしれませんが、持っている遺伝子自体はほぼ全人類共通です。ではなぜ外見や性格に違いが出るかというと、働いている遺伝子が一人ひとり違うからです。**

つまり、体内にある遺伝子の97%は休眠状態と考えられているのです。

いい換えれば、同じ遺伝子を持っていても、どの遺伝子が眠っていてどの遺伝子が活動しているかによって、個性が生まれるというわけです。

遺伝的に太る体質の人は、脂肪をため込む遺伝子（ここでは仮に「太っちょ遺伝子」とします）が活発に活動していて、脂肪を燃焼する遺伝子（ここでは仮に「スレンダー遺伝子」とします）が眠っている状態といえます。

反対に、やせている人は太っちょ遺伝子が眠っていて、スレンダー遺伝子が活発に動いている状態です。

これまでの常識では、眠っている遺伝子は一生眠ったままで、起こすことは絶対に不可能と考えられてきました。しかし、**近年の研究で、遺伝子にはスイッチのようなものがあり、環境や生活習慣などなんらかの外部刺激によってこのスイッチをオンにできれば、眠っている遺伝子を起こすことができそうだということがわかってきたのです。**こうした後天的に遺伝子のスイッチをオン・オフすることを専門的には「エピジェネティクス」といいます。

ということは、遺伝的に太りやすい体質の人は、スレンダー遺伝子のスイッチをオンにすればいいということになります。

## ヤセ型の人

## 太りやすい人

※遺伝子は、実際には上記のように単純ではありませんが、ここではわかりやすくするために簡略化したイラストにしています。

とはいえ、そう簡単には遺伝子のスイッチを入れたり切ったりはできません。なんといっても遺伝子はその人の性質を左右するもの。部屋の照明のように簡単にスイッチのオン・オフができてしまっては、アイデンティティを揺るがしかねないので、それはそれで問題ですね。

ここで、重大な発表があります。

遺伝子のスイッチを簡単に切り替えることは難しいとお伝えしましたが、なんと筋肉を刺激することによって眠っているスレンダー遺伝子のスイッチをオンにする働きがあることが明らかになってきたのです。

**これによって、「私は太る家系だからやせられない」という悩みからサヨナラできるかもし**

**れないのです。**

筋肉を刺激することのすばらしさがおわかりいただけたでしょうか？

これまで、太りやすい体質だと思っていた人は、ぜひ積極的に筋肉を刺激して、スレンダー遺伝子のスイッチオンに期待しましょう。

遺伝子のスイッチを切り替えたり、マイオカインを分泌《ぶんぴつ》しやすくしたりするには、ウォーキングなどの有酸素運動ではなく、瞬発的に筋肉を使うスクワットなどの運動がいいとされています。つまりは、「歯磨きをしながらスクワットする」などのヤセ行動もおすすめです。ただし、スクワットはちょっと体力的にきつい、という人もいるはずです。そんな人にぴったりなのが、次ジペーで紹介する「スーパーマンのポーズ」です。

スーパーマンのポーズは、比較的簡単でありながら、上半身も下半身も筋肉が刺激できるので、特におすすめです。

時間も1日1分くらいからでOKです。テレビを見ながらでも、朝や寝る前など、布団の上でも実行できます。できれば朝・昼・晩の1日3回行うのがおすすめです。

やり方については次ジペーで紹介するので、早速、トライしてみましょう！

## 1日1分から始めよう！

# スーパーマンのポーズ

マイオカインの分泌《ぶんぴつ》を増やすための特別な運動法はありません。
ここでは、狭い場所でもできて、肩、背中、おなか、足まで、
上半身と下半身をまんべんなく刺激できる運動ということで、
よつんばいの姿勢からスーパーマンのように
片手・片足を伸ばすスーパーマンのポーズを紹介します。
正式名称は「ダイアゴナル」という運動です。

1

背中は反らさずまっすぐ。
おなかに力を入れる

ひざを軽く開いてよつんばいの姿勢になる。目線は、少し先の床を見る。

**NG**

上げている側の
ひざは曲げない

伸ばした手が持ち上がったり、ひざを曲げてしまったりしないように注意しましょう。腹筋に力を込め、体幹を意識してまっすぐな姿勢をキープしてください。

息は止めない
体が一直線になる
ように意識する

## 2

右手を前に、左足を後ろに上げ、「1・2・3・4」と数えながら手足をゆっくり伸ばす。次に「5・6・7・8」で**1**の姿勢に戻る。反対側の手足も同様に行う。

**左右各5回**

ダイエット効果以外にもいろいろある！

# 期待できる マイオカインに驚くべき効果

筋肉を刺激することで分泌《ぶんぴつ》されるマイオカインには、
ダイエット効果以外にも、驚くべき健康効果が期待できるとわかっています。

## 効果1 代謝を上げて生活習慣病を予防・改善！

太っている人は、体の脂肪が増えて、インスリンなどの重要な代謝ホルモンの働きが妨害されます。その結果、高血圧や糖尿病などの生活習慣病や動脈硬化を進展させるメタボリックシンドロームになるといわれています。最近、このメタボリックシンドロームを改善に導くと、ある臓器の働きに注目が集まっています。ある臓器？ そう、それは筋肉のことです。筋肉はこれまで、体を動かしたり温めたりする程度と考えられてきました。ところが、最近では筋肉には、脂肪を燃やしたり代謝をよくしたりするマイオカインを出す働きがあるとわかってきたのです。

## 効果 2 脳に働きかけ、認知症を予防！

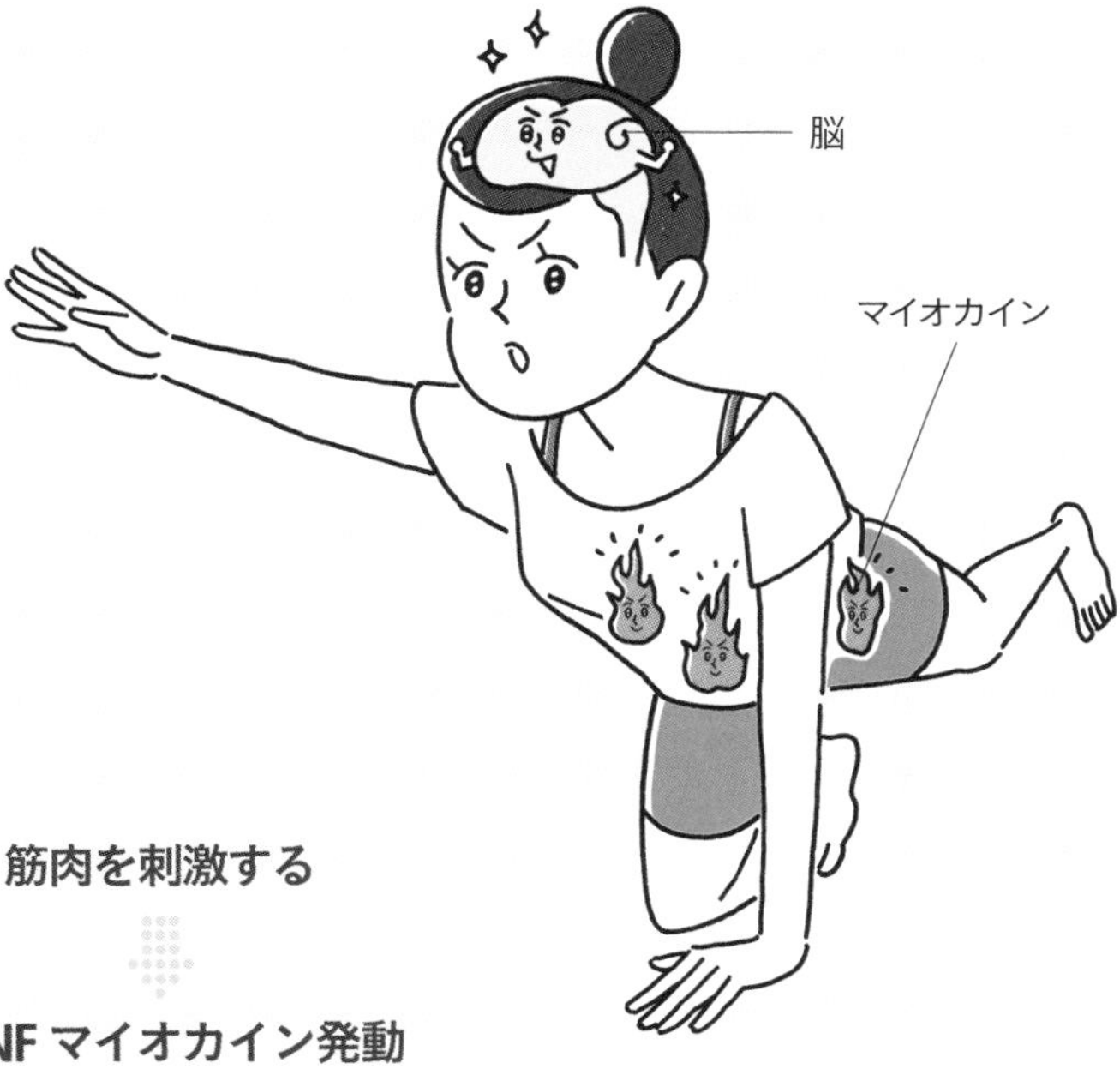


**筋肉を刺激する**

**BDNF マイオカイン発動**

**記憶力がアップ**

**認知症を予防**

筋肉から分泌されるマイオカインが、なんと脳にもいい影響を与える可能性があります。例えば最新の研究ではBDNF《ビーディーエヌエフ》というマイオカインは、学習や記憶の形成に関係し、運動によって分泌されます。その結果、試験の成績や記憶力、さらには認知症にかかわる認知機能もよくなると報告されています。

このマイオカインは、ハードなトレーニングをしなくても、筋肉を刺激するだけでも分泌されるので、認知症が心配な高齢者にも打ってつけと注目を集めています。

## 効果 3 大腸がんの予防に期待！

参考資料
https://www.nhk.or.jp/kenko/atc_473.html
https://www.nhk.or.jp/kenko/atc_1133.html

まだ研究段階ですが、マイオカインにはさまざまながんを抑制する働きがあるのではないかと考えられ、世界中で研究が進められています。中でも、マイオカインの１つであるSPARC《スパーク》には、大腸がんを抑制する働きがあるという研究結果も報告されており、今後の研究の進捗が期待されています。

また、肥満は大腸がんのリスクを高めますが、マイオカインは肥満の予防・改善にも効果を発揮するため、そうした面からも大腸がんのリスクを抑えることにつながるのではないのでしょうか。

マイオカインには、ほかにも骨の強化やうつ症状の改善などの効果も期待できるといわれ、あらゆる分野で研究が進められています。今後のさらなるマイオカインの可能性に期待しましょう。

# 第4章

1日だけダイエットの効力アップ法❷

# 血管を若返らせて代謝アップ 体のやせスイッチを入れる バスキュラー・ストレッチング

ストレッチ

1

# ストレッチをすると、筋肉に加え血管も柔軟になり代謝アップが期待できる！

ここまで読んでいただいたみなさんは、ほぼ１００％「1日だけダイエット」についてご理解いただけたのではないでしょうか。

「早く始めたくて、体がうずうずしている！」——そんなあなたは、この章を読むのは後回しにして（後で必ず読んでください！）、今すぐ1日だけダイエットをスタートしていただいてもかまいません。ぜひ、明るい未来を想像して、楽しい気持ちで始めましょう。

この章ではダイエットの知識をもう少し深めたい！　健康になりたい！　という方のために、これまであまり知られていなかったストレッチの効果についてご紹介します。特にストレッチについては、肥満＋高血圧や高血糖がある人におすすめです。

ところで、みなさんはストレッチに対してどんなイメージをお持ちでしょうか？

一般的にストレッチというと、筋肉を柔軟にする方法として知られてきました。関節の可動域が広がることでケガをしにくくなるため、スポーツの前後に行う人も多いかと思います。また、高齢者に対しても、いつまでも元気で自立した生活を送るための予防法として推奨されています。

そんなストレッチですが、近年さらに新しい効果が見つかって注目を集めています。

**それは、筋肉だけではなく血管を柔らかくする効果です。**年齢を重ねるとともに血管が硬くなり、動脈硬化が起こりやすくなります。動脈硬化は、その名のとおり血管が硬くなって弾力性が失われた状態のこと。血管がつまりやすくなって、心筋梗塞《こうそく》や脳卒中といった命にかかわる病気を引き起こす恐れもあるので、動脈硬化を進めないことが重要です。

血管はもちろん体の中にあるわけですが、ストレッチで筋肉を伸ばすことで、血管まで伸ばされて、動脈硬化の予防・改善に役立つというのですから、これは医学会でも話題になりました。

**そして、この１日だけダイエットの効力アップ法として私がなぜストレッチを推奨するかというと、血管が柔軟になって血流がよくなれば、代謝がアップしてダイエット効果も期待できると考えているためです。代謝が上がれば、同じ食事量・運動量でも太りにくくてやせやすくなるため、ダイエット効率が高まると考えています。**

ストレッチ

2

# 動脈硬化を防ぎ、高血圧や高血糖の予防・改善にも役立つ

**ストレッチで血管に柔軟性が戻って動脈硬化が改善すれば、肥満の人に多い高血糖や高血圧の改善にも役立つでしょう。**さらに血流がよくなれば、体に老廃物がたまりにくくなって肌ツヤがよくなったり、肩こり・腰痛の予防・改善、冷え症の緩和など、美容にとってもうれしい効果がたくさん期待できます。

そしてもう一つ、ストレッチで忘れてはならないのがリラックス効果です。休息時に働く副交感神経も優位になるので、体がリラックスモードへと切り替わり、夜に行えば安眠効果も期待できます。心身の健康にもダイエットにも効果が期待できるストレッチを、ぜひヤセ行動の一つとして取り入れてみましょう。

次ページからは、ストレッチの中でも特に血管を柔軟にする効果が期待できる※「バスキュラー・ストレッチング」のやり方についてご紹介します。**バスキュラー・ストレッチングは、私の勤務する関西医科大学の研究で、継続して実践すると、動脈硬化の改善に効果があることが実証**

※バスキュラーとは「血管の」という意味。

**されたストレッチ法です。**

下のグラフは、運動習慣のない中高年の女性を対象に、朝晩20分、半年間毎日このストレッチを実践してもらった結果です。血管の硬さ（動脈硬化指標）と機能（血管内皮機能検査）のどちらも、3カ月ほどで効果が見られ、半年後には目に見えて数値が改善しています。血管年齢で考えると平均で約10歳ほど若返ったことになるので、その効果は絶大です。

バスキュラー・ストレッチングは、部位別に15種ほどのやり方がありますが、本書ではその中でもダイエットしたい人におすすめのやり方5種を厳選しました。

## バスキュラー・ストレッチングの効果

3カ月のストレッチでは血管内皮機能はよくなりますが、トータルとしての動脈硬化指標＝血管の硬さまではよくなっていません。しかし6カ月間ストレッチを続ければ、血管が柔らかくなる＝動脈硬化にも有効という結果が。

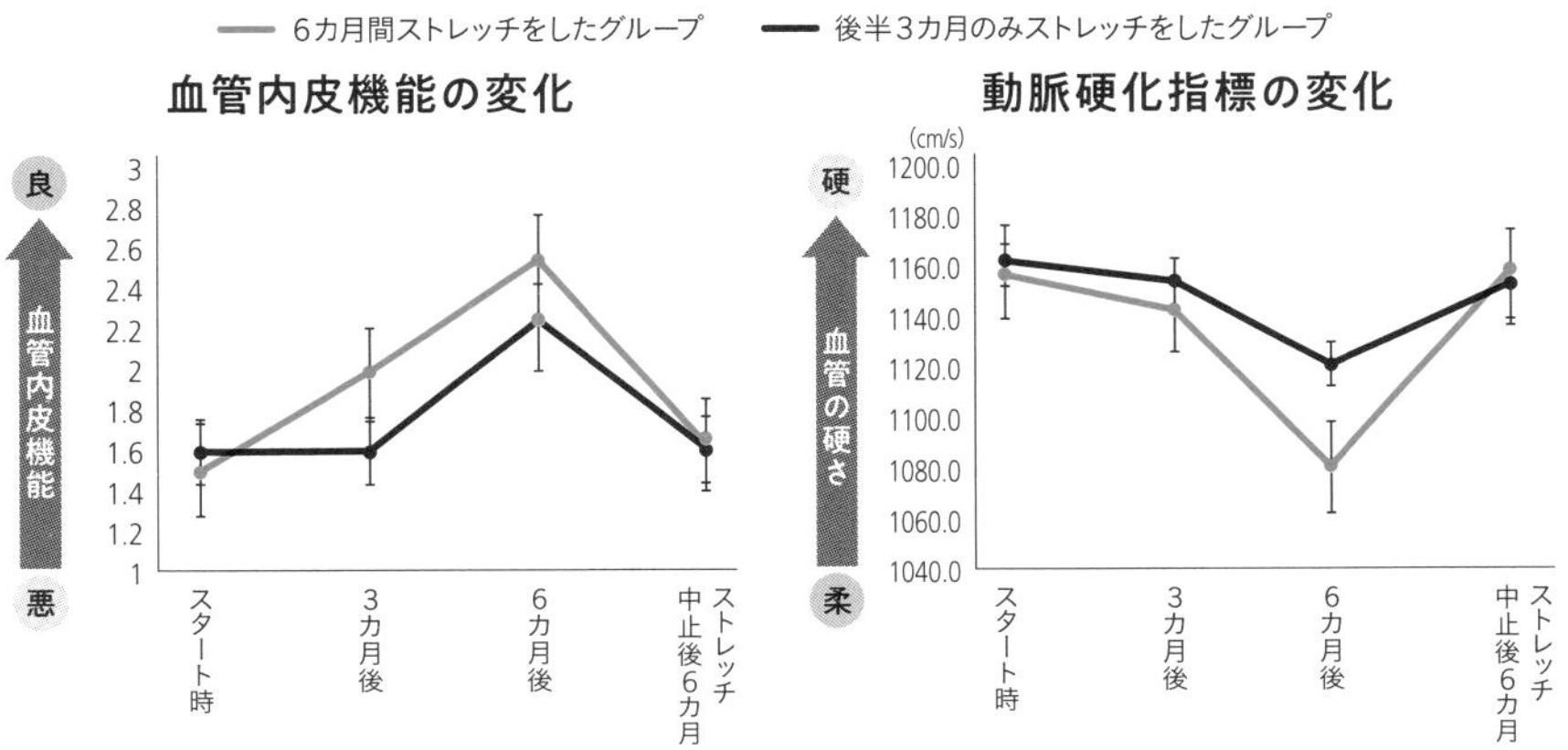
6カ月間ストレッチをしたグループ
後半3カ月のみストレッチをしたグループ
血管内皮機能の変化
良
血管内皮機能
悪
3
2.8
2.6
2.4
2.2
2
1.8
1.6
1.4
1.2
1
スタート時
3カ月後
6カ月後
ストレッチ中止後6カ月
動脈硬化指標の変化
(cm/s)
硬
血管の硬さ
柔
1200.0
1180.0
1160.0
1140.0
1120.0
1100.0
1080.0
1060.0
1040.0
スタート時
3カ月後
6カ月後
ストレッチ中止後6カ月

出典：Shinno H, EurJ Sport Sci, 2017

運動ぎらいの人でも簡単にできる！

# バスキュラー・ストレッチングのやり方

肥満体型で高血圧や高血糖を抱えている人、動脈硬化の心配がある人、さらには運動が苦手な人や日ごろからストレスがたまってお疲れぎみな人、肩こりや不眠などの不調を抱えた人におすすめのストレッチ法です。

**ポイント1**
息は止めず、自然に呼吸をしながら行う

**ポイント2**
1部位15〜30秒かけてじっくり行う

**ポイント3**
毎日やると効果がアップ！でも、無理は禁物

**ポイント4**
ややきついと感じる強度で伸ばす

**ポイント5**
ストレッチをしている部位に意識を集中させる

初めは1日1回でもOK。慣れてきたら、1日3回行いましょう。

むくみを防いで細見え足に！

# 「ふくらはぎ」「太もも」の血管ストレッチ

足を腰幅ぐらいに開き、爪先を前方に向けて、足幅を保ったまま、両足を右図のように前後に開く。両手を前方の太ももの上に乗せて足のひざを曲げ、上体を斜め前に傾ける。後方のふくらはぎがしっかり伸びているのを感じながら、15～30秒伸ばし、もとに戻す。足を前後逆にして反対側の足も同様に行う。

目線は前に
ここに意識を集中する
爪先は前方に向ける

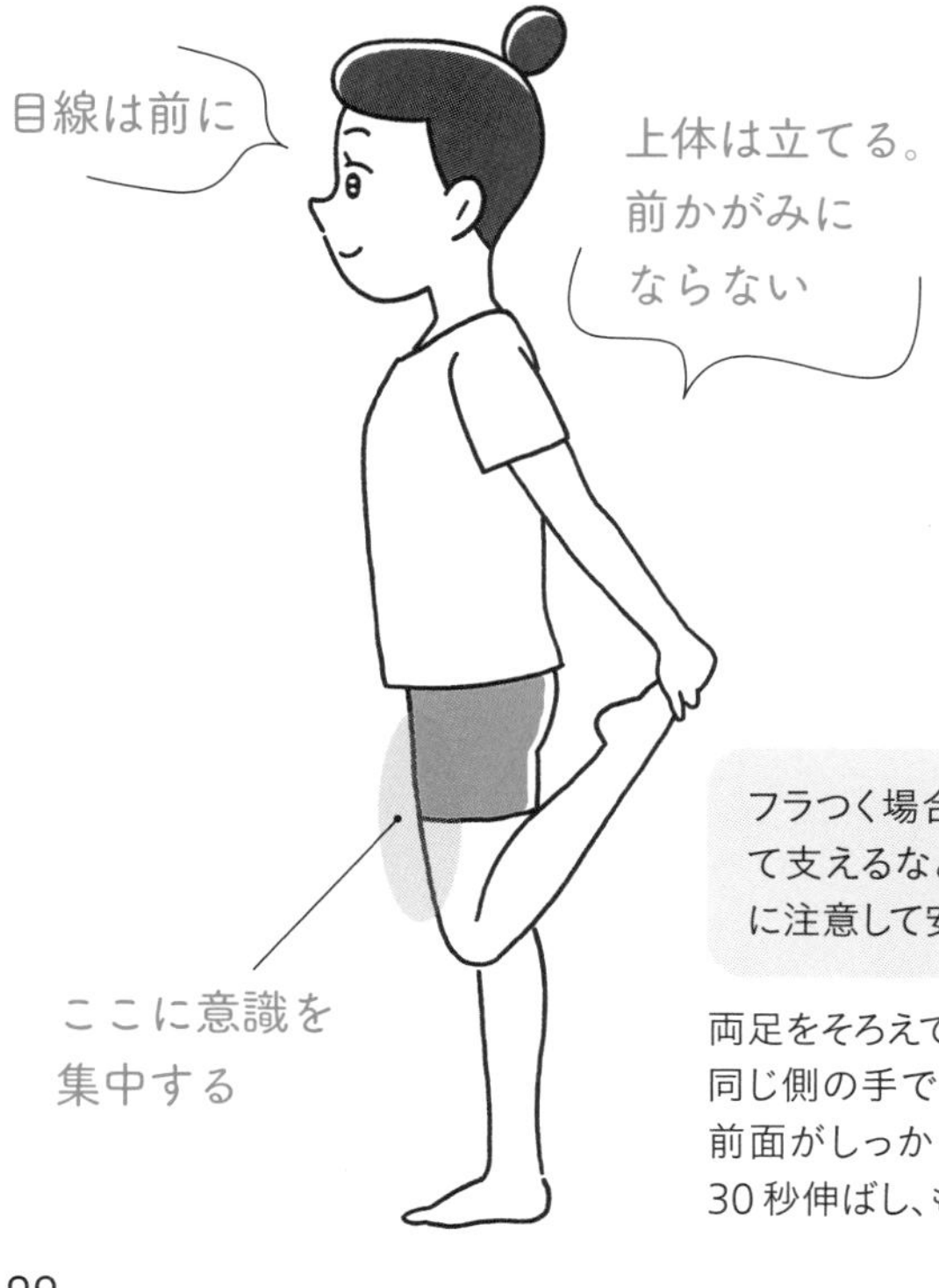
目線は前に
上体は立てる。前かがみにならない
ここに意識を集中する

フラつく場合は、壁に手をついて支えるなどし、転ばないように注意して安全に行いましょう。

両足をそろえて立ち、片方の足のひざを後ろに曲げ、同じ側の手で足先を持つ。曲げている足の太もも前面がしっかり伸びているのを感じながら、15～30秒伸ばし、もとに戻す。反対側の足も同様に行う。

\ どちらか1ポーズでOK /

# 「おしり」の血管ストレッチ

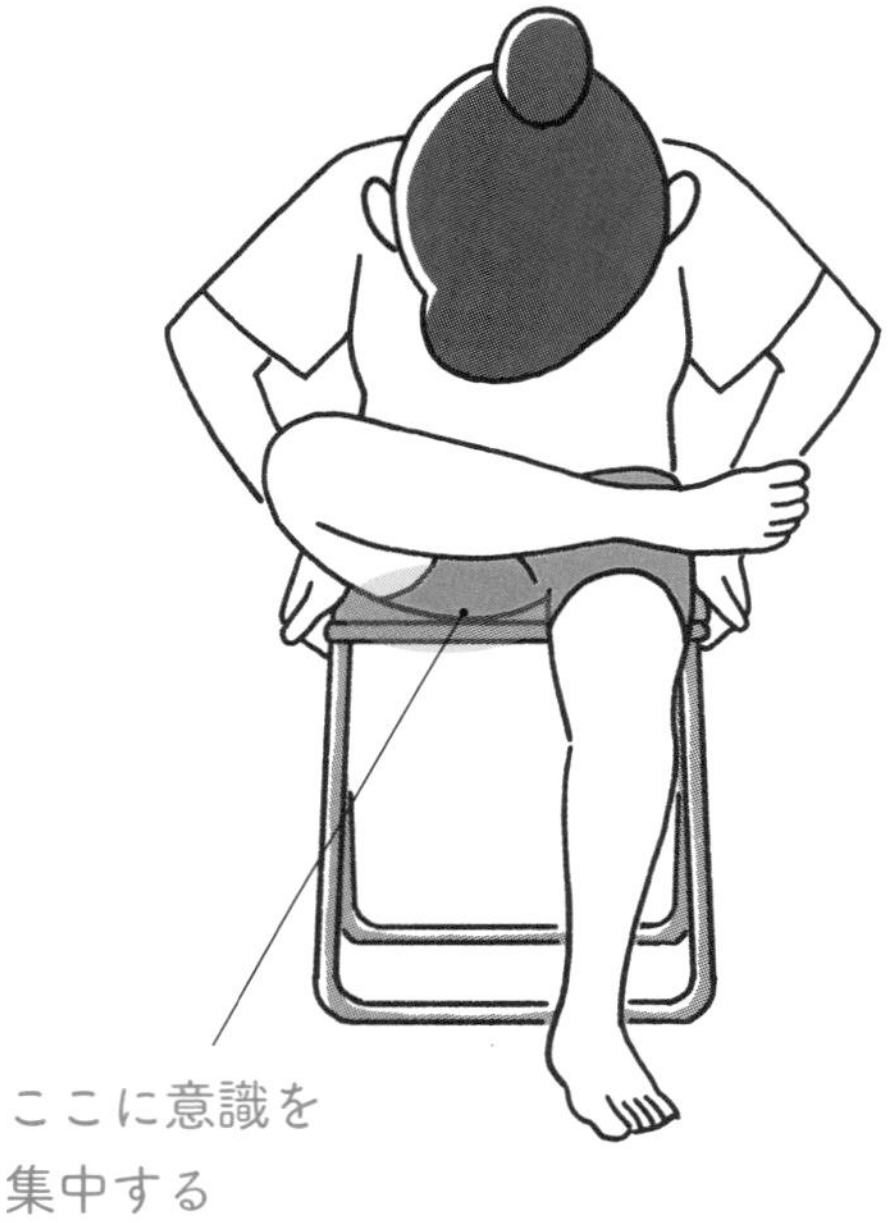
ここに意識を
集中する

### 座って行う場合

イスに腰かけて、伸ばしたいおしり側の足の外くるぶしを、もう一方のひざ上に乗せる。あごを引き、ゆっくりと上体を前方へ倒す。曲げている足側のおしりが伸びているのを感じながら、15～30秒伸ばし、もとに戻す。反対側の足も同様に行う。

ここに意識を
集中する

### 寝て行う場合

あおむけの姿勢になる。両手で両太ももを抱えて、太もも前面を胸のほうへ引きつける。おしりが伸びているのを感じながら、15～30秒伸ばしてもとに戻す。

気になる腕もデコルテもスッキリ！

# 「腕」「胸」の血管ストレッチ

足を自然に開いて立ち、ストレッチしたい側の手のひらを上に向け、腕を前方に伸ばす。もう一方の手で指を手前に引っぱる。前腕が伸びているのを感じながら、15～30秒伸ばし、もとに戻す。

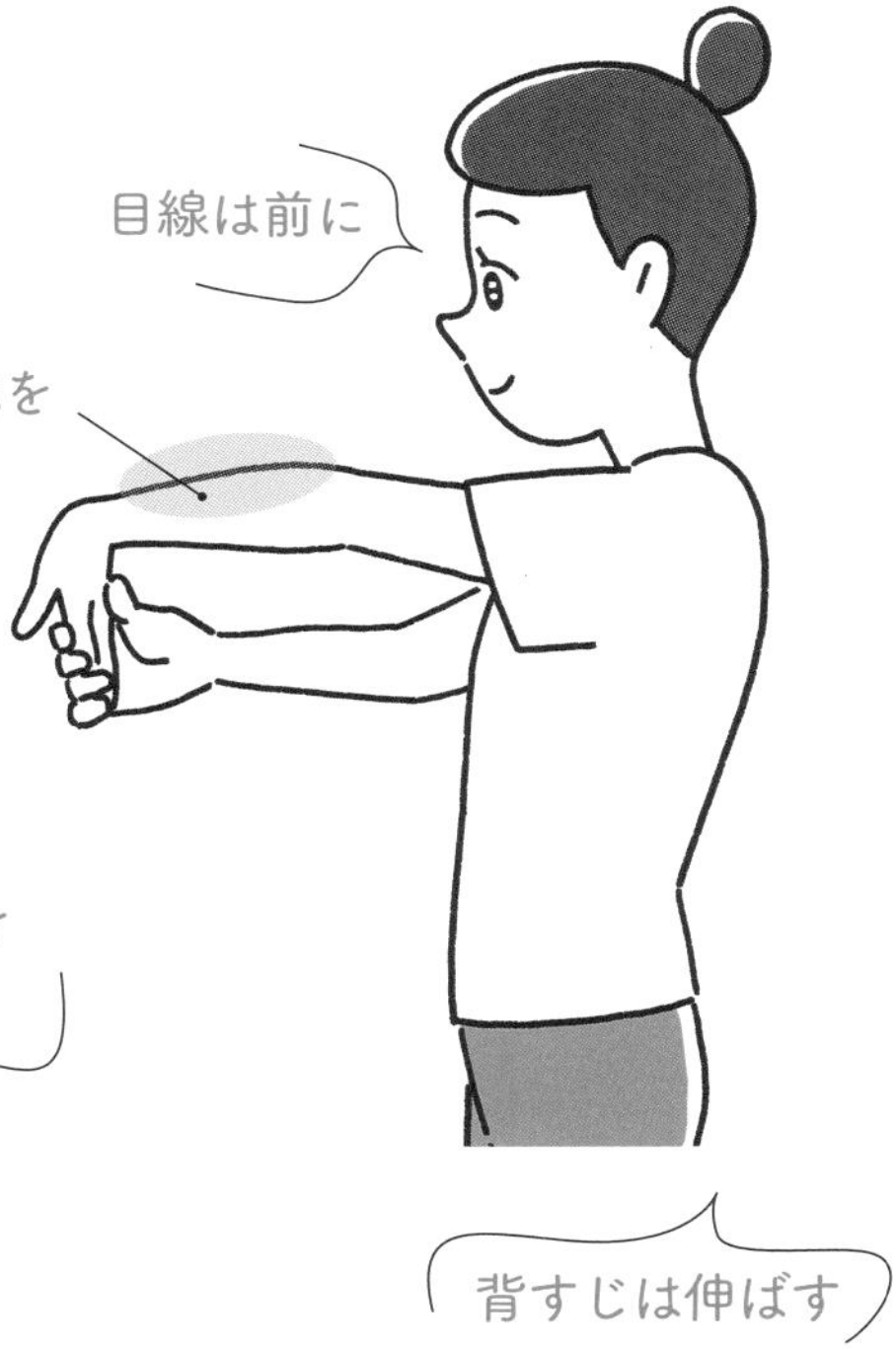
目線は前に
ここに意識を集中する
背すじは伸ばす

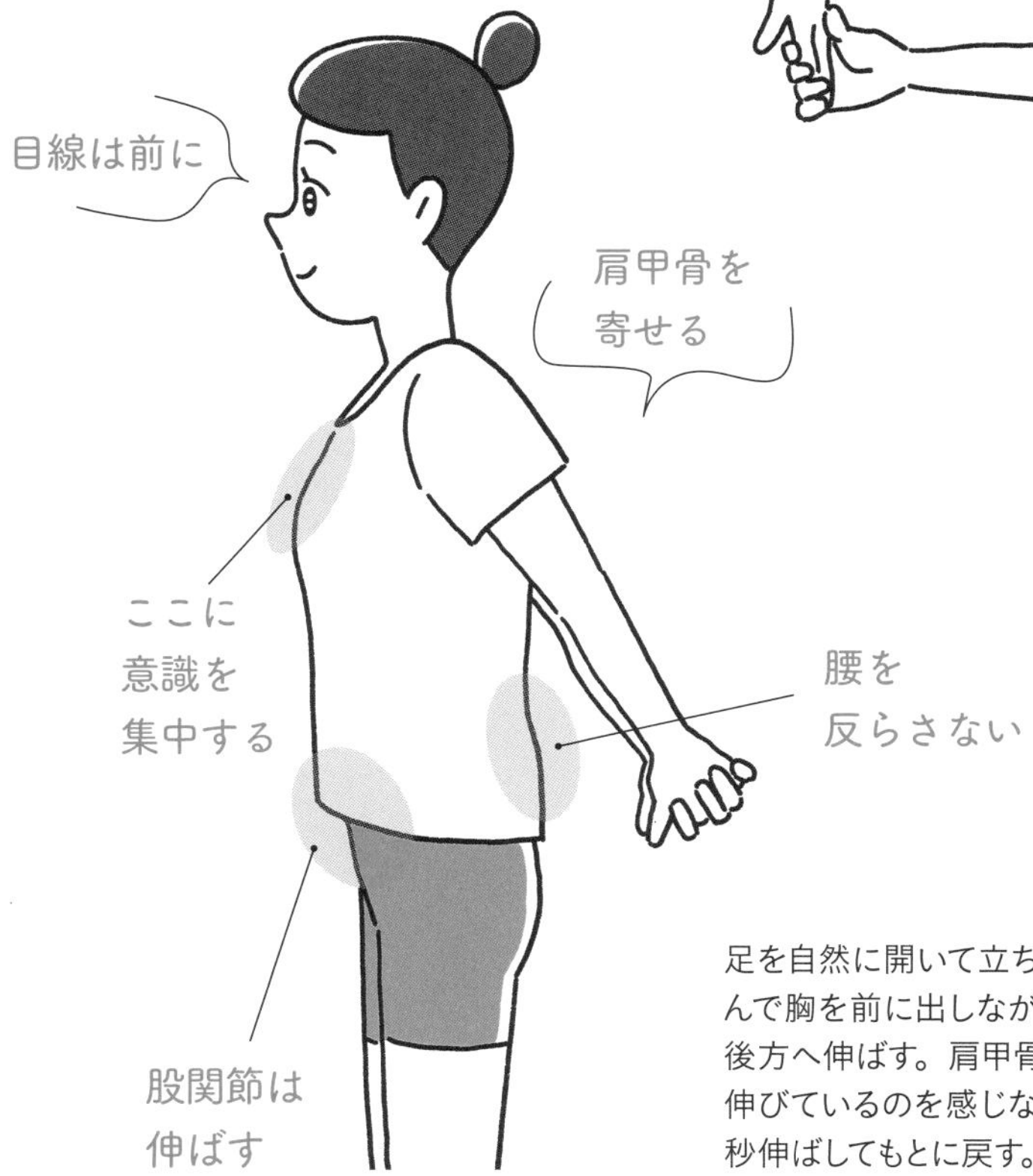
目線は前に
肩甲骨を寄せる
ここに意識を集中する
腰を反らさない
股関節は伸ばす

足を自然に開いて立ち、手を後ろで組んで胸を前に出しながら、組んだ手を後方へ伸ばす。肩甲骨を寄せて、胸が伸びているのを感じながら、15～30秒伸ばしてもとに戻す。

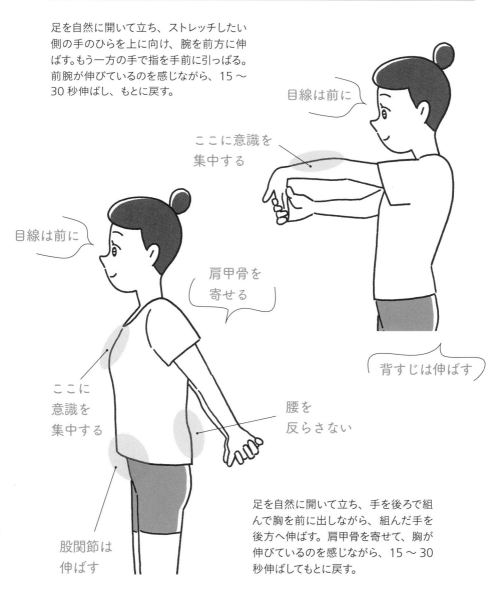

# 「やりたい！」「できそう！」ダイエット成功カルテ❷

60〜64㌻に続き、「認知行動療法」を取り入れたダイエット法で実際にやせた患者さんの例をご紹介します。

## 段階的なレベル上げで順調に体重が減少！

**後藤明美さん**（仮名・54歳）

| | |
|---|---|
| **身長** | **：160.6㌢** |
| **体重** | **：71.8㌔ ➡ 65.6㌔**（6.2㌔減） |
| **BMI** | **：27.8 ➡ 25.4**（2.4ポイント減） |
| **体脂肪率** | **：51.4％ ➡ 47.8％**（3.6％減） |

後藤さんは、20代のころからぽっちゃり体型で、自己流ダイエットに何度も挑戦しては体重の増減をくり返してきましたが、50代に入っていよいよ人生ＭＡＸ体重となり、私が所属する肥満外来を訪れました。

話を聞くと、一回の食事量はそこまで多くはないものの、間食が大好きで回数も量も多く、日々の生活で空腹感を感じることがほぼないとのこと。

そこで、「間食は1日2回まで」「夕食後は何も食べない」「お菓子は食べる分だけあらかじめ皿に取る」などをヤセ行動に決めました。これらをしっかりこなし、1カ月で2キロ減。これだけでも十分なペースでしたが、まだ空腹を感じることがほとんどないとのことでしたので、**夕食時の炭水化物を減らすなど、食事のヤセ行動を段階的に上げていきました。**本人も達成感を感じることでさらに意欲的に取り組むことができ、4カ月で6キロ以上のダイエットに成功。

ＢＭＩ24をめざし、今もさらなるダイエットに取り組んでいます。

## 月1キロペースで無理なくダイエットに成功！

**藤田聡子さん**（仮名・56歳）

4人のお子さんのお母さんである藤田さんは、もとは標準体型でしたが、出産のたびに10キロずつ増えて今の体型になってしまったそうです。40代で心臓病にかかり、手術を受けてペースメーカーを使用しています。

これまでペースメーカー交換の手術のため、二度ほど絶食療法を行い

| | |
|---|---|
| **身長** | ：**146.0**センチ |
| **体重** | ：**72.6**キロ ➡ **68.0**キロ<br>（4.6キロ減） |
| **BMI** | ：**33.1** ➡ **31.9**<br>（1.2 ポイント減） |
| **体脂肪率** | ：**45.6％** ➡ **43.6％**<br>（2.0％減） |



※日本肥満学会ではBMI22を標準体重とし、25以上を肥満、18.5未満は低体重とされる。
健康的な体脂肪率の目安は、女性は20～29％、男性は10～19％とされる。

10キロ近くの減量をしましたが、いずれも退院後すぐにリバウンドしてしまいました。藤田さんが太った理由は明らかで、家族に合わせて夕食を何度かに分けて食べたりしていたことなどがあげられました。

そこで、管理栄養士の提案により、**「専用の容器に自分が食べる分を取り分け、野菜料理から食べる」をヤセ行動にしたところ、体重に変化が現れました。** 1カ月に1キロ減とペースはゆるやかでしたが、焦らずこの行動を続けたことで、半年後には4・6キロの減量に成功。次のペースメーカー交換時には絶食療法をしなくてすむよう、現在もダイエットに取り組んでいます。

## 食事制限へのトラウマを克服し、9カ月で約10キロ減！

**遠藤敬**さん（仮名・52歳）

身長　：177.3センチ
体重　：102.2キロ ➡ 92.3キロ
（9.9キロ減）
BMI　：32.5 ➡ 29.4
（3.1 ポイント減）
体脂肪率：35.0％ ➡ 29.4％
（5.6％減）

体重が100キロを超え、高血圧や糖尿病などの持病を抱えていた遠藤さん。遠藤さんくらい太っていると、命を守るためにもダイエットが必須です。遠藤さん自身もそれは自覚しており、食事についても管理栄養士の指導を受けました。あとは行動に移すだけなのですが、なかなかそれができなかったため、肥満外来を訪れました。話を聞くと、これまでに食事制限をして85キロまでは減量したことが何度かあり、そのたびにリバウンドをくり返したそうです。こうした失敗体験がトラウマとなり、食事制限をしようという気力を失ったようでした。

**食事でのヤセ行動を選ぶのは難しい状態だったので、まずは運動でのヤセ行動を増やしました。**すでに1日９０００歩を歩いていたので、それに加え、「歩くときの姿勢に気をつける」など、小さな目標を立てて、焦らずゆっくりと成功体験を積み重ねていきました。

そうして徐々に自信をつけていったところ、ダイエット開始から2カ月後には、管理栄養士サポートの食事改善にも取り組めるほどにモチベーションが回復しました。

また、**遠藤さんは白か黒か、オール・オア・ナッシングの思考パターンも見て取れたので（56～57ページ参照）、少しの挫折《ざせつ》でやる気が折れないよう、ほめる声がけや、できていることやよい変化にも目を向けるような働きかけを積極的に行い自己効力感を高めるサポートもしていきました。**すると、体重は目に見えて落ちていき、半年後には約10キロ減に成功。糖尿病の指標であるヘモグロビンＡ１ｃ値も基準値内に下がり、生活習慣病のリスクも軽減されました。

このように、最初に得意な分野のヤセ行動を選ぶことでモチベーションが上がると、しだいに苦手な分野のヤセ行動も、「やってみたい」「できるかも」といった思考に変わります。

## 小さな成功体験が自信となり、半年で33キロ減！

**佐藤麻子さん**（仮名・37歳）

**身長**　：**157.8センチ**
**体重**　：**101.0キロ → 67.8キロ**
（33.2キロ減）
**BMI**　：**40.6 → 27.2**
（13.4 ポイント減）
**体脂肪率**：**55.0％ → 32.9％**
（22.1％ 減）

佐藤さんが、肥満外来を訪れたきっかけは太りすぎを心配したご家族のすすめでした。

私は、まずはカウンセリングを行って佐藤さんの現状を聞くと、これまでご飯を抜いたり黒酢を飲んだりといった自己流のダイエットをしてきたものの、失敗をくり返してきたとのこと。自己効力感が下がり、ダイエットに成功するイメージが持てないでいるようでした。

そこで、佐藤さんの性格診断をした結果、人の意見に耳を傾けるのは得意な一方、自分で物事を決めるのが苦手というタイプだったため、まずは私たち医療者側で佐藤さんが実行できそうなヤセ行動を提案。強制にならないように、その中から自身で「できそう」「やりたい」と思うものを選んでもらいました。

佐藤さんが選んだのは、食事では「3食のバランスを整える」「間食で食べたものをセルフモニタリングする」「摂取カロリーを1日当たり2300キロカロリーから1400キロカロリーにする」「1食当たりのご飯の量を３００グラムから２００グラムに減らす」の四つ。
運動のヤセ行動は、「買い物では遠くの駐車場に車を停める」「近場への買い物は自転車か歩き」「1日10分程度歩く」の三つです。

最初こそ自信がなかった佐藤さんでしたが、これらのヤセ行動に真摯に取り組んだ結果、すぐに体重に変化が現れました。それによって、佐藤さんのやる気は目に見えてアップ！　私たちが指導した自宅での筋トレもヤセ行動にプラスし、意欲的に取り組んでくれました。

その結果、約6カ月後には、体重がなんと33・2キロ減って、ＢＭＩも重度肥満である肥満４度から1度まで改善。体脂肪率は32・９％までダウンしました。

**佐藤さんの場合これまで成功体験がなく、ダイエットに対して消極的だったのが小さなヤセ行動から始めて日々成功し、自信が持てたのが成功の要因といえます。**

佐藤さんの場合は、肥満外来の患者さんであり、私たち医師、栄養士、トレーナー、心理士からなる専門チームがサポートしたので、たくさんのヤセ行動を行っていますが、本書を読んでいるみなさんは一度にこれほど多くのヤセ行動をする必要はありません。まずは焦らずゆっくり、できることからぜひ取り組んでください。

# 食事管理でモチベーションがアップし、6キロ減！

### 広田裕子さん（仮名・45歳）

| | |
|---|---|
| 身長 | ：158.0センチ |
| 体重 | ：77.0キロ ➡ 71.0キロ（6.0キロ減） |
| BMI | ：30.8 ➡ 28.4（2.4ポイント減） |
| 体脂肪率 | ：48.2％ ➡ 44.9％（3.3％減） |

広田さんは、定期健診で異常が見つかり、やせるようにいわれたためにダイエットを決意して肥満外来を受診されました。

これまでは嗜《し》好品や外食の頻度が高かったようですが、受診された時点ではすでに控えているとのこと。さらに食習慣をくわしく聞いてみると大皿盛りで主菜が多く、1日の摂取カロリーは2000～2200キロカロリーと、女性としてはややオーバーぎみでした。

そこで、「大皿盛りをやめる」「主菜をとりすぎないようにする」「脂肪の多い食事を控える」といったヤセ行動を取り入れるとともに、肥満指導の取り組みとして肥満外来で活用しているダイエットアプリを使用して、食事や活動のようすを記録してもらいました。

**広田さんの場合は、食事を記録することが苦にならないタイプで楽しく記録をつけられたので、食事管理がうまくいったことがダイエットに成功した要因といえそうです。**

2カ月で4・7キロ減、3カ月で6キロ減のダイエットに成功しました。

# 第5章

## 教えて木村先生！
## 1日だけダイエットもっと大成功Q&A
## ～素朴な疑問集～

「肥満って何？」「肥満の何がいけないの？」といったダイエットの基本から、「正しいダイエットと間違っているダイエットの見分け方って？」といった疑問まで、ダイエットにかんするあらゆる疑問を木村先生が全回答！　1日だけダイエットがさらに楽しく実践できる秘訣《ひけつ》が満載です。

## Q1 そもそも肥満とはどういうことですか？

### A 体脂肪が過剰に蓄積した状態のこと

多くの人は「太る＝体重が増える」ことだと考えがちですが、体重が重くても筋肉量が多くて体脂肪が少ない人は肥満とはいいません。肥満とは、あくまで体重の重さではなく体脂肪が体に過剰についた状態のこと。肥満には、内臓のまわりに体脂肪が蓄積された「内臓脂肪型肥満」と、下半身などの皮下に脂肪が蓄積された「皮下脂肪型肥満」があり、「内臓脂肪型肥満」のほうが高血圧などの生活習慣病を発症するリスクが高いことがわかっています。

## Q2 肥満はどうすれば調べられますか？

### A 国際的な指標であるBMI値で算出できます

肥満度の判定には、現在の国際的な指標であるBMI《ビーエムアイ》値が用いられています。これは

体重計の数字に
振り回される
必要はありません。

BMI値＝体重（キロ）÷身長（メートル）の2乗で算出することができ、25以上で肥満と定義づけられています。とはいえ、肥満は体重だけでは判断できないので、これはあくまでも指標の一つにすぎません。正確には、人間ドックなどで行う「内臓脂肪CT検査（コンピュータ断層撮影）」で測定できます。これは、腹部断面を測定して内臓脂肪面積を測る手法です。BMI値は低いのに、内臓脂肪が多い「隠れ肥満」の発見にも有効です。

## Q3 肥満になると何がいけないのですか？

## A 生活習慣病のリスクが上がり命の危険も。老化も早まります

肥満の中でも特に内臓脂肪型肥満になると、高血糖や高血圧、脂質異常症、脳梗塞《こうそく》や心筋梗塞などの生活習慣病をはじめ、さまざまな病気の発症リスクが高まります。

特に内臓脂肪型肥満に加え、脂質異常症、高血圧、高血糖のうち二つ以上が当てはまる場合をメタボリックシンドローム（以下、メタボと略す）と呼びますが、メタボになると、動脈硬化が進んで寿命を縮める可能性があります。動脈硬化が進むと、見た目にも老けて見えること

がわかっています。

現在日本では、40~74歳の男性の2人に1人、女性の5人に1人が、メタボおよびその予備群といわれているので、その深刻さがおわかりいただけるのではないでしょうか。

# Q4 ダイエットでいちばん大切なことはなんですか?

## A 人任せでなく主体的に行うことが大切です

最近は、多くのダイエット情報が氾濫《はんらん》しています。まずは、そのダイエット法が医学的に正しいかを見極めてください。それにはその情報の発信者が信頼できるかどうかが重要ではないでしょうか。そして何より、自分が「やりたい」「できる」と思えるダイエット法を見つけて、実行することが最も大切だと思います。人それぞれ生活環境も性格も違いますから、万人に効くダイエット法は存在しません。何をやるかを人任せにせず、主体的に行えるダイエット法を見つけましょう。

※厚生労働省「令和元年国民健康・栄養調査」より。

## Q5

### 正しいダイエットと間違ったダイエットの見分け方はありますか？

**A** 医学的な根拠のあるダイエット法なら安心です

○○を食べるだけダイエットや断食ダイエットのような、健康を無視して単に体重のみを減らすようなダイエットはさけたほうがいいでしょう。スレンダーな体を手に入れても健康を害する可能性があります。

やはり最も安心なのは、医師が医学的根拠を示したうえで指導するダイエット法です。

## Q6

### １日だけダイエットは一人ひとり、やり方が変わりますが、それでいいのですか？

**A** そこが、ダイエット成功の秘訣《ひけつ》です！

「1日だけダイエット」は、その日の自分に合ったヤセ行動を主体的に選ぶダイエット法です。ライフスタイルや性格、運動の得意不得意によっても選ぶべきヤセ行動は変わってきて当たり前。一人ひとり違うやり方ができてこそ成功します。

「自分に合った行動を主体的に選んで実行する」という本質的な部分では、みなさん共通のダイエット法といえるでしょう。

## Q7 1日だけダイエットは、どのくらいで効果が現れますか？ 効果が現れない場合は何が原因ですか？

### A 1カ月めから効果は現れます。効果が現れないときは生活習慣を見直しましょう

始めれば、1カ月後には効果が現れます。とはいえ、短期間でドカンとやせるダイエット法ではありません（そもそも、そんなダイエット法は危険です）。1カ月で2キロ以上やせないようにコントロールしましょう。

ヤセ行動を毎日しっかり実行しているのに、体重が３カ月以上変化しない人は、今選んでいるヤセ行動があなたにとっては簡単すぎるのかもしれません。もう少し負荷の大きなヤセ行動を選んでみたり、数を増やしたりしてはいかがでしょうか？

また、自分の生活をもう一度振り返ってください。いくらヤセ行動を実行していても、毎日暴飲暴食をしていたらやせません。

## Q8
# １日だけダイエットで取り入れている「認知行動療法」とは、そもそもなんですか？

## A
## 人の認知（気づき）に働きかけて感情や行動をコントロールする心理療法です

認知行動療法とは、うつ病やパニック障害などの精神疾患《しっかん》を治療するための治療法として効果を上げている心理療法です。ものの考え方や受け取り方（認知）に働きかけ、気持ちをラクにしたり、行動を変えたりしていく方法のことです。

例えば、友人にメールして1時間たっても返信がなかったとします。このとき、「無視されたのかも。私はきらわれたのではないか」と考えて不安になる人もいるでしょう。一方で特に気にしない人もいるはず。

このように、「メールの返信がない」という事実は一つであるにもかかわらず、とらえ方は人によってさまざま。これが認知です。認知行動療法では、こうした自分の感情や行動を客観的に観察することで自分の思考のクセやパターンを知り、気持ちを自分自身でコントロールすることで精神状態を改善へと導きます。

# Q9

## 体重を急激に減らすと食欲が増すのはなぜですか？

## A 食欲抑制ホルモン「レプチン」が低下するためです

体重を急激に減らすと、食欲を抑える「レプチン」というホルモンも急激に減るためと考えられます。レプチンは脂肪をためている脂肪細胞から分泌《ぶんぴつ》され、食欲を抑える働きがあります。

分泌《ぶんぴつ》量は体脂肪の量に比例しますから、やせて体脂肪が減るとレプチンの血中濃度が下がり、食欲が増します。ゆっくりと体重を減らすぶんにはレプチンの量も少しずつ低下するため、食欲は暴走しません。このことからも、1カ月に2キロ以上やせる急激なダイエットはさけたほうがいいのです。

## Q10 スマホやスマートウォッチで記録してもいいですか？

### A モチベーション維持のためにもおすすめです

本書では言い訳シートの記録（50ページ参照）をおすすめしていますが、もちろん紙に記録するのではなく、スマホやスマートウォッチなどのＩＴ機器を利用するのもいい方法です。

近年では、生体センサーによる自動記録機能や体重の推移をグラフ化する機能など、優れた機能を持つダイエットアプリやスマートウォッチも続々と開発されています。

私の勤務する関西医科大学附属病院の肥満外来でも、近年スマートウォッチを活用したダイ

エット指導の取り組みを開始しています。これは私たちドクターとトレーナー、管理栄養士がチームを組み、患者さん一人ひとりに合ったダイエットプログラムを提供するといった施策を試しており、患者さんのモチベーション維持にひと役買ってくれています。

Q11

# 肥満外来って何をしてくれるのですか？

A

## あらゆる分野の専門家が一丸となり、ダイエットをサポートします

私の勤務する肥満外来を例に解説すると、医師だけでなく、運動・栄養・心理・看護などのあらゆる分野の専門家がチームを組み、患者さんの肥満解消のためにサポートする外来です。具体的には、患者さんの現状に沿ったダイエットプログラムを作成し、認知行動療法を取り入れた指導をして本人のモチベーションを高めながら、食事・運動指導を行います。また、内科治療だけでは減量が難しい方に対しては、消化管外科と協力して胃を小さくする外科治療も行っています。

# Q12 糖質制限はしたほうがいいですか？しないほうがいいですか？

## A 糖質が少なすぎるとやせにくい体になってしまいます

糖質を制限すれば一時的に体重を落とせるかもしれませんが、また食べはじめればすぐにリバウンドしてしまうため私はあまりおすすめしません。１日だけダイエットでは、我慢をしなければいけないヤセ行動はＮＧです。

やせやすい体になるためには、糖質の摂取は実はとても重要です。多くの人は、筋肉をつけるにはたんぱく質さえ摂取すればいいと考えがちですが、たんぱく質が分解されて体を動かすエネルギー源として糖質は使われています。そのため、糖質の摂取量が少ないと、せっかく筋トレをしても筋肉がつきにくく、代謝も上がりにくくなります。糖質は適度にとったほうがいいと思います。

## Q13

# 朝食にはたんぱく質をとるほうがいいと聞きましたが本当ですか？

**A** 本当です。朝食でたんぱく質をとると、筋トレ効果が増大します

特に20代30代のみなさんは、朝食にたんぱく質を摂取することで、筋トレ効果が増大すると明らかになっています。体を動かす機会が多い人は、朝食でたんぱく質をとりましょう。朝食を抜くと次の食事での吸収率が上がり、太りやすくなります。1日2食が当たり前の人は、「1日3食食べる」というのをヤセ行動に取り入れてみてはいかがですか？

## Q14

# 運動は毎日しなければダメですか？

**A** 筋肉強化なら3日に一度でOK

「しなければダメ」なものはないので安心してください。

目的にもよりますが、例えば筋肉強化の目的でトレーニングをした後は、筋肉が合成されるのに2日ほどかかるので、鍛えた部位についてはゆっくり休ませるといいでしょう。ただし、歯磨きをしながらスクワットなど、1日だけダイエットのヤセ行動の一環で行う負荷の軽い運動は、毎日行っても大丈夫です。

## Q15 夜中におなかが空きます。空腹感を満たす方法はありますか？

## A 夕食の量と時間を見直してみましょう

適度におなかが空いて眠りに就くのは、内臓を休ませる意味でもダイエットには効果的です。夜中に空腹を感じる場合、ストレッチをするなどして体を適度に動かすと空腹を抑える効果が期待できるのでおすすめです（やりすぎると眠れなくなるので、適度でお願いします）。

それでも、空腹が落ち着かない場合は、夕食の量が少なすぎる、もしくは食べる時間が早すぎる可能性があります。自分のベストな量と時間を、セルフモニタリングして分析してみましょょう。夜中の空腹を我慢したせいでストレスがたまり、ある日突然、暴飲暴食をしてしまうくらいなら、しっかり夕食をとったほうが結果としてダイエットは成功します。

## Q16

# 私はマイナス思考なのですが、プラス思考に変える方法はありますか？

## A 小さな成功体験の積み重ねで、プラス思考が養われます

物事をマイナスに考えてしまう人は、これまでの人生において失敗体験をくり返してきたことが多い傾向にあります。ダイエットにおいても、挫折《ざせつ》をくり返すと「どうせ私はやせられっこない」「私は意志が弱いから……」とマイナスに考えてしまいがちです。

こうした思考をプラスに変えるためには、小さな成功を積み重ねるのが重要。毎日ささいなヤセ行動を実行し、成功体験を積み重ねることで、徐々に自信が取り戻されて「私はやればできる人間だ」と、物事をポジティブにとらえられるようになっていきます。

# Q17 睡眠不足の人は太るって本当ですか? 睡眠で気をつけることはありますか?

## A 本当です。睡眠時間は7～9時間が理想。睡眠時無呼吸症候群にも気をつけて

睡眠不足だと太るという事実は、さまざまな研究者によって明らかになっています。例えば米国コロンビア大学で行われた研究では、7～9時間の睡眠時間の人に比べ、4時間以下の睡眠の人は肥満率が73%も高かったそうです。

その理由の一つは、睡眠時間が少ないと食欲を抑制するレプチンというホルモンの分泌《ぶんぴつ》量が減り、食欲を刺激するグレリンというホルモンが増えるためと考えられます。また、起きている時間が長いと、口さびしくて何かをつまんでしまい、摂取カロリーが上がることも原因。睡眠時間は7～9時間を保ちましょう。

また、眠っているときに一時的に呼吸が止まった状態をくり返す、睡眠時無呼吸症候群の約7割の人が肥満につながることもわかっています。症状がある人は、なるべく早く専門医を受

診しましょう。

# Q18

## ダイエットに役立つ入浴法があれば教えてください。

## A まずは湯船につかることを習慣にしましょう

忙しいからといってシャワーだけですませてしまうと、体が冷えて代謝が下がり太りやすくなる可能性があります。湯温や入浴法については諸説ありますが、まずは湯船にしっかりつかって体を温めることで、代謝を上げましょう。これまで湯船につかる習慣がなかった人は、湯船につかることをヤセ行動として取り入れてみてください。

寝る2時間前までに入浴をすませると、副交感神経（体の働きをリラックスさせる自律神経）の働きで寝つきがよくなって睡眠の質も高まるのでおすすめです。

## Q19

## 辛いものを食べるとやせるというのは本当ですか？

### A 医学的根拠はありません

辛いものを食べるとやせるといわれているのは、恐らくトウガラシなどの香辛料に含まれているカプサイシンによる発汗作用でしょう。確かに、辛いものを食べて体が熱くなるときにはエネルギーを消費します。とはいえ、消費カロリーは微々たるものですので、減量効果があるとはいいにくいでしょう。

激辛料理を
無理して食べるのは
やめましょう。

## Q20

## ダイエットで意識して食べたほうがいい食品はありますか？

### A 野菜全般を積極的に食べましょう

この食品だけを食べればやせるという食品は存在しません。ただし、野菜全般は、積極的に食べるといいでしょう。食事の最初に食べれば、早食いや食べすぎを防いでくれるばかりか、その後にご飯などの糖質食品を摂取しても、血糖値の上昇がゆるやかになり、太るのを予防してくれます。

## Q21 プロテイン（たんぱく質）はダイエットに有効ですか？

### A 筋肉を作るのには効果的です

水などに溶いて飲む粉末プロテインが人気ですが、プロテイン飲料を飲むからやせるということはありません。ただし、プロテインは筋肉の材料となるので、ヤセ行動に筋トレを取り入れている人にはおすすめです。筋肉が増えれば、代謝が上がってやせやすくなります。さらに、ダイエットに役立つマイオカイン（88ページ参照）が筋肉から分泌《ぶんぴつ》されるので、その点でもおすすめです。

## Q22

# 室内でできるおすすめの有酸素運動はありますか？

### A その場で足踏みや踏み台昇降がおすすめ

最も手軽なのは、その場で足踏みすることではないでしょうか。テレビを見ながらや歯を磨きながらなど、いつでもどこでも、思い立ったらすぐにできるのが利点です。もう少し負荷を上げたい場合は、踏み台昇降もおすすめ。有酸素運動であり、太ももの大きな筋肉を刺激する筋トレにもなるので、理想的な運動といえます。

## Q23

# 停滞期には何をすればいいですか？

### A 焦らず、ふだんどおりのヤセ行動を継続しましょう

ダイエット中、急に体重が減りにくくなる時期を停滞期といいますが、これは体の防衛本能によるもので、ダイエットが成功している証拠です。

この時期に焦って食事を減らしたりするのは挫折《ざせつ》の原因になります。おおむね2週間から1カ月で停滞期は脱出するといわれているので、この時期は特に変わったことをせず、ヤセ行動を順調にこなしていきましょう。やせなくても気にせず、今日1日がんばった自分をほめてあげましょう。

## Q24 ダイエットを始めたら便秘になりました。どうすればいいですか？

### A 食事量と水分量が不足していないか確認しましょう

厳しい食事制限をしたり、水分摂取量が少なくなったりしていませんか？　水分と食物繊維の不足や運動不足は、便秘に直結します。

「水を1日1リットル以上、こまめに飲む」「野菜やキノコなどの食物繊維をたくさん食べる」「家のまわりを20分散歩する」などを、ヤセ行動に取り入れてみるといいでしょう。

## Q25 サウナなどで汗をかくのも、ヤセ行動にしていいですか？

## A ぜひ、ヤセ行動の一つに取り入れてください

サウナで汗をたくさんかくと、一時的に体の水分量が減るため、当然体重が落ちます。しかし、これは水分を補給すればすぐに戻ってしまうので、体脂肪が減ったことにはつながりません。

ただし、サウナに入って汗をかくと、結果的に代謝が上がるため脂肪が燃焼しやすくなるとはいえます。加えて、サウナ後は睡眠の質もよくなるため、日中の活動量やエネルギー消費量も増え、やせやすくなるかもしれません。

何より、サウナに行くというだけでも活動量がアップしますし、それがモチベーションになるなら、ぜひヤセ行動の一つに取り入れてください。

気持ちいいと感じる
ヤセ行動は
おすすめです！

## 最終章
# あなたはできる人〜エピローグにかえて〜

さて、本書はそろそろクライマックスです。前章までで説明はほぼ終わりました。ご理解いただけたでしょうか。最後に、私が本当に伝えたかったことを書きます。

爆弾発言のようになりますが、これまで紹介してきたヤセ行動の数々、明日にはすべて忘れていただいてかまいません。

だって、あなたには全く効果がないかもしれないので。

「えっ、どういうこと？　……全部ウソ？」

ビックリする人もいるかもしれませんが、どうか怒らないでください。ウソではないのですが、本当に忘れてしまっても全くかまわないのです。なぜなら、ダイエットで大切なのは行動そのものではないから。本書を熟読した方なら、この事実にすでに気づいていますよね。

1日だけダイエットの本質は、日々の体重を見て「今日は少し増えていたから明日は一駅分を歩こうかな」といったように、自身の体と相談しながら自分でやるべきことを決めて実行するという〝プロセス〟そのもの。

正直、ヤセ行動なんてなんでもいい。本書に記した「歯磨きスクワット」でもいいし、本書にはなかった「アイドルを見ながら踊る」や「漫才を見て3時間大笑いする（笑うことも実はけっこうカロリーを消費します）」はもちろん、「毎日のフォアグラ料理をやめて、お茶漬けにする」でもいいのです。

「消費を増やし摂取を減らす」という理にかなったもので、あなた自身が「やりたくてできそうなもの」が最高のヤセ行動なのです。なんなら、得意ではないことをやるときは、「私がちゃんとできるかゲーム」のように勝手にゲーム化して、ワクワク楽しんでしまいましょう。

要は、自分で自身の体という乗り物を楽しみながら操縦して、うまく乗りこなせるようになることが大切。すべては「あなたのやる気と行動しだい」です。私が伝えたかったことは、その点に尽きます。

そんな私も、最初からこのダイエット法を推奨していたわけではありません。

私が所属する肥満外来で、認知行動療法を取り入れるようになったのは、今から20年前のこと。それまでは、「目標体重とダイエット期間を定め、それに向かって日々の食事量と運動量を決める」という、ごくごく一般的なやり方を患者さんにすすめてきました。

ところが、理論上は必ずやせるはずなのに、実際は多くの人が失敗に終わってしまう……または、一度やせてもすぐにリバウンドしてしまうのです。理論は合っているのに、なぜやせられないのか……その答えは簡単で、ダイエットをするのがプログラムどおりに動く「ロボット」ではなく、やる気やモチベーションによって動く「人間」だからにほかなりません。

もっと人の心にアプローチをしたダイエット法でなければ成功しない、そう思った私は、心理学の先生に教えてもらい認知行動療法を組み込んだこのダイエット法にたどり着きました。

実は、私も最初はこのダイエット法に懐疑的でした。なぜなら、人の心のありようがダイエット成功のカギを握っているという確信はあったものの、そこに配慮しただけで本当にやせるかどうかは確信が持てなかったからです。しかし、この取り組みが正解であったことは、その後の結果が証明してくれました。

でも、よくよく考えれば当たり前のことですね。勉強でも仕事でも実践する本人にやる気がなければ、成績は伸び悩みます。それと同じことです。

あわただしく過ぎる毎日の中で、多くの人は気づきを忘れてしまいます。体重の変化、体調の変化、心の変化……そうした自分にまつわる小さな変化を見落とさず、今の自分に合った行動を選び取り、前向きに実行できれば、ダイエットは必ず成功します。

最後になりましたが、お読みいただきありがとうございました。

本書はここで終わりますが、あなたの人生はまだまだ続きますね。人生でやりたいことは、きっとダイエットだけではないでしょう。どうか本書で得た考え方を武器にして、ダイエット以外のさまざまなこと、例えば仕事も家事も勉強も楽しむことを忘れないでください。あなた自身が楽しんでコツコツと小さな成功体験を積み重ねていけば、「やればできる！」という自信がわいて、今度は大きな成功に近づくはず。

そう、あなたはできる人です。

失敗したら現状を見つめ直して、もう一度挑戦すればいいだけ。不安になる必要はありません。だってあなたはその鋭い鑑識眼で、数あるダイエット情報の中から本書を選び、しかも最後まで読み切って、新しい武器を手に入れたのですから。

最後にもう一度いいます。

「あなたなら必ずできる」

関西医科大学医学部健康科学科教授　木村 穣

〝この本はきっと
あなたをハッピーにします！〟
と私は自分をほめています……

## 木村 穣（きむら ゆたか）

関西医科大学医学部健康科学科教授
同附属病院健康科学センター・センター長


1981年、関西医科大学卒業。医学博士。2009年より現職。肥満症の治療に認知行動療法の手法を取り入れた独自メソッドを考案し、減量効果が非常に高くてリバウンドも少ないことから注目を集めている。肥満症治療のトップランナーとしても知られ、全国から患者さんが殺到中。テレビ・ラジオや新聞・雑誌などメディア出演多数。


大学病院・肥満外来の教授が教える　1日だけダイエット

2021年7月13日　第1刷発行

編集人　田代恵介
編集　わかさ出版
編集協力　引田光江（グループONES）
上野真依
装丁　下村成子
デザイン　大島歌織
イラスト　小田島カヨ
発行人　山本周嗣
発行所　株式会社文響社
〒105-0001
東京都港区虎ノ門2丁目2-5 共同通信会館9階
ホームページ　https://bunkyosha.com
お問い合わせ　info@bunkyosha.com
印刷・製本　中央精版印刷 株式会社

ISBN 978-4-86651-390-4